体育科授業サポートBOOKS

運動したくてたまらなくなる！

体育教材アイデア100

佐藤 政臣 著

明治図書

はじめに

　本書は，月刊誌『楽しい体育の授業』(明治図書) 2017年度連載「運動したくてたまらなくなる！体育教材アイデア」をベースに大幅加筆してまとめたものです。

　体育は，ゲームに勝敗があり，技能的にできる，できないがはっきりしているため，子供の自我がストレートに現れやすい教科といえます。運動種目によって，得意，不得意が顕著にあらわれることから，運動素材をそのまま与えただけでは，授業に参加したくても参加できていない子供も出てきます。そこで，本書は，「全員参加を保障した体育授業」を示すことができる教材の提供を目的としています。「全員参加を保障した体育授業」とは，基礎・基本を培い，易しく，楽しく学べる体育授業のことです。そのためには，既存の運動素材をそのまま子供に与えるのではなく，加工，修正して教材をつくる必要があります。

　体育における「教材」についての解釈は，「教材＝運動種目」として捉えられていました。つまり，バスケットボールが教材であり，教材に子供を合わせていたのです。ですから，学習内容（何を教えるのか）が抜け落ちている授業が多くありました。

　『学校体育授業事典』（阪田尚彦ほか編，大修館書店）に，教材とは，「教科内容を子どもに習得させるために選択，加工された素材」と定義されています。ですから既存の運動種目をそのまま教材にすると，学習内容の習得が難しくなることがあるのです。授業をつくるという行為は，「全員が学習内容を獲得できるようにすること」を第一に考えます。そのためには，それが可能になる教材をつくる必要があるのです。つまり，授業づくりは，教材づくりであるといえるのです。

　現在，すべての教科で，「主体的・対話的で深い学び」の必要性が問われています。

　子供たちが主体的に学びに向かうためには，教材を提供した段階で「やってみたい。これならできそうだ。おもしろい。」など，主観においてその学びが有意義だと感じなければ「主体的な学び」に向かうことはできません。ですから，子供たちが夢中になって学習できる教材の提供が不可欠になるのです。さらに，「わかった！できた！」という成功体験は，意義ある学習であると認識され，「おもしろい！楽しい！」という感情が学びを主体的にします。

　最後に，早稲田大学の吉永武史先生には，『楽しい体育の授業』誌連載にてご指導をいただきましたことを深くお礼を申し上げます。

著者　佐藤　政臣

教材づくりの大切さ

　体育の教材は，領域によって様々なものがあります。その既存のスポーツ種目は，もともと学校教育において教材とすることを前提に生み出されてきたものではありません。
　主に大人が楽しむためや競技のために生み出されたもので，子供が教材として学習するには複雑で高度なものになります。したがって子供たちがその運動種目の本質的な課題性を学び，おもしろさを味わうためには「教えるべき内容を絞って単純化する」必要があります。そのために運動種目をそのまま与えるのではなく，教材づくりが必要になるのです。
　そこで，教材づくりについて，以下の３点からその必要性を述べます。

教材づくりの必要性

1　意欲的な学習の保障

　すべての子供たちが最初から対象となる運動種目（例えばサッカー）に強く動機づけられているわけではありません。よく学習指導案等の中に書かれているように，「その運動種目に対して意欲的でない子」，「特定の運動種目が嫌いな子」，「その運動種目に不安や恐怖心を抱いている子」などがいます。そのような子供たちに対して，運動のおもしろさを味わえるような「学習活動の対象（教材）が工夫される」必要があるのです。

2　学習内容の明確化

　運動を楽しむためには，必要な能力の保障が前提になります。運動の特性や魅力に応じた内容の学習が必要なのです。
　そこで，子供たちが学ぶに相応しい内容が発達段階や能力の現状に応じて抽出されたり，選択されたりする必要があります。その点を考慮し，学習内容を絞り込みながら教材をつくる必要があるのです。

3　課題解決の見通しを持たせる

　それぞれの運動種目は，一定のルールのもとに競争するといった固有な運動の目的的な意味を有しています。
　しかし，子供たちは，最初からそれらの競技種目の持つ目的的な意味を達成するための課題性を理解しているわけではありません。また，それを解決していくための方法的な見通しを持っているわけでもないのです。そこで，それらを補うために教材をつくる必要があるのです。
　次に，その教材づくりについて，陸上運動の短距離走学習を具体例に述べます。

教材づくりの具体例（40mロープリレー）

　短距離走は，運動会の徒競走に代表されるように誰もが経験している運動です。短距離走の授業は，走ることに苦手意識を持つ子供にとって，いつもビリという状態が続くことになり，

辛い時間となります。そうなると，この先教師がいくら競走をあおったところで「自分はビリだから」と思い，諦めてしまうようになるのです。競走型の運動種目を体育で行う必要最低条件は，「結果の未確定性」にあります。結果がわかるようでは，本気を出してがんばろうとは思わないのです。そこで，リレー学習を仕組むことで全力を出させるという方法があります。リレー学習は，子供たちにも人気があり，一見みんなが楽しそうに学習に取り組んでいるように見えます。

しかし，何も手立てを打たずにリレー学習をすると次のような指導上の問題点が残るのです。
①走ることが苦手な子供は，チームに迷惑をかけないようにと全力で必死に走るが，そのリレー自体が苦痛でたまらない子供もいる。
②リレー学習になると教師も子供もバトンパスに目が向き，その指導に多くの時間を掛けなければならなくなる。
③教師は，体育の授業において，安易に競走場面だけを設定して，あとは「高みの見物」となり，運動が苦手な子供への配慮を怠ってしまうことが多い。

以上のことから，これらの問題点を踏まえ，「すべての子供たちが積極的に学習に参加できるようにしていくための教材をつくること」が必要となるのです。

短距離走の中学年の授業では，トラックだけを走るのではなく，その発達段階も考慮して，様々なコースに挑戦させるべきです。走るコースはトラックであるという固定観念を打ち破った教具が「40mのロープ」です。

40mのロープでどんなコースをつくればいいか。子供たちは，わくわくしながら思考を巡らせます。40mのロープを用いて，最適なコースを考えるのです。走るコースを子供たちの思いのままに変えられるよう操作可能な場を設定しながら学習内容に迫っていく教材，それが「40mロープリレー」です。

よい教材とは

では，どのような教材がよい教材といえるのでしょうか。岩田（2012）は，教材づくりの基本的条件を2つあげています。
①その教材が習得されるべき学習内容を典型的に含み持っていること。
②その教材が学習者の主体的な諸条件に適合しており，学習意欲を喚起することができること。

本書では，学習指導要領の内容をもとにして，学習者の主体的な諸条件に適合し，学習意欲を喚起することができるような教材を紹介します。

CONTENTS

はじめに　3
教材づくりの大切さ　4

★ 体つくり運動

低学年
- 1　風船運びゲーム　10
- 2　動物歩きリレー　11
- 3　変身ジャンケン　12
- 4　クラスで盛り上がる運動遊び　13
- 5　すもう遊び　14
- 6　ジャンケンゲーム　15

中学年
- 7　いっせーの！　16
- 8　シンクロ走・リバースムカデ鬼　17
- 9　ボールキャッチゲーム　18
- 10　交差跳び・あや跳び　19

高学年
- 11　折り返しグループ走　20
- 12　トラベラー　21
- 13　二重跳び　22
- 14　ダブルツイスト跳び　23
- 15　ダブルダッチ　24
- 16　バンブーダンス　25

★ 器械運動

低学年
- 17　ゆりかご　26
- 18　動きを入れて前転がり　27
- 19　シンクロゆりかご・前転がり　28

中学年
- 20　鉄棒で遊ぼう　29
- 21　馬跳び　30
- 22　連結跳び箱ゲーム　31
- 23　側方倒立回転　32
- 24　膝掛け振り上がり　33
- 25　後方片膝掛け回転　34
- 26　台上前転　35
- 27　シンクロ・集団跳び箱　36

高学年
- 28　ヘッドスプリング　37
- 29　倒立への道　38
- 30　後方支持回転　39
- 31　両膝掛け振動下り　40
- 32　かかえ込み跳び　41
- 33　頭はね跳び　42

★ 陸上運動

低学年
- 34　カラー折り返しリレー　43
- 35　ホームランリレー　44
- 36　ボール運び競争　45
- 37　かかしケンパー跳び　46
- 38　ぴょんぴょんジグザグリレー　47

中学年
- 39　40mロープリレー　48
- 40　周回ワープリレー　49
- 41　40mコーンハードル走　50

高学年		
42	ターゲット幅跳び	51
43	課題解決！短距離走	52
44	8秒間走	53
45	リレーバトンパス	54
46	わかってできる！ハードル走①	55
47	わかってできる！ハードル走②	56
48	フォーカス走り幅跳び	57
49	フォーカス走り高跳び	58

★ 水泳運動

低学年		
50	水中鬼ごっこ	59
51	水遊びリレー	60
52	もぐりっこ遊び	61
53	浮き浮き水遊び	62
54	バブリング・ボビング	63
55	水中ゲーム	64

中学年		
56	け伸び	65
57	面かぶりクロール	66
58	手タッチクロール	67
59	ちょうちょう背泳ぎ	68
60	ビート板平泳ぎ	69

高学年		
61	クロール	70
62	平泳ぎ	71
63	背泳ぎ	72
64	バタフライ	73
65	ターン　初級編	74
66	ターン　上級編	75
67	クロール　ステップ10	76
68	平泳ぎ　ステップ10	77
69	着衣泳	78

★ ゲーム・ボール運動

低学年		
70	はしごドッジボール	79
71	ゲットボール	80
72	ダブルコートシュートゲーム	81
73	コーンゲットゲーム	82
74	けりっこ とりっこ はしりっこ	83
75	スローイング・ベースボール	84
76	スローイング・ゴルフ	85

中学年		
77	ドキドキ鬼遊び	86
78	フットビー	87
79	パスパスゲーム	88
80	チュックボール	89
81	ナンバーリングキャッチバレーボール	90
82	シュートプレルボール	91
83	ボンバーパスゲーム	92
84	フィルダーキックベースボール	93

高学年	85	ワンドリバスケットボール	94
	86	サイドマンバスケットボール	95
	87	ハンドボール	96
	88	アルティメット	97
	89	タグラグビー	98
	90	ウイングサッカー	99
	91	フラッグフットボール	100
	92	ミニテニス	101
	93	フィルダーベースボール	102
	94	タイブレイクベースボール	103

★ 表現運動

低学年	95	動物ランドに行こう	104
	96	リズムにのってウキウキダンス	105
中学年	97	探検！宝島に行こう！	106
	98	基本の動きでリズムダンス	107
高学年	99	ポップコーン炸裂	108
	100	マイム・マイム	109

参考文献　　110

運動したくて
たまらなくなる！

体育教材
アイデア
100

体つくり運動	10
器械運動	26
陸上運動	43
水泳運動	59
ゲーム・ボール運動	79
表現運動	104

領域：体つくりの運動遊び（体ほぐしの運動遊び）

1 風船運びゲーム
仲間と協力しながら楽しく運動する

対象学年：低学年・中学年・高学年

図1　2人組で手をつなぎ風船を運ぶ

図2　5人組で手をつなぎ風船を運ぶ

図3　ダンボールラケット

対象領域：体つくり・器械・陸上・水泳・ゲーム・ボール・表現

教材のよさ

　風船は，やわらかく，落下速度が遅いことから運動技能の個人差が出にくい教具であり，体ほぐしの運動に適しているといえます。

　本教材「風船運びゲーム」は，「ふわふわと軽く，ゆっくり落下することで，弾きながら運べる」という風船の特性をいかした教材です。

　挑戦意欲を高めるために，「①風船に触れる体の部位を変える，②グループの人数を変える，③用具を用いて運ぶ」など変化をつけながら繰り返し行うことがポイントです。

すすめ方

【主なルール】

　体育館の壁から壁まで落とさずに風船を運びます。運ぶときは，手で持って運ぶのではなく，手足で弾きながら運びます。

【風船に触れる体の部位を変える】

　2人組で両手をつないだ状態で風船を壁まで運びます。2人で声を掛け合うなど協力して取り組むことがポイントです（図1）。

　手で弾きながら運ぶことができたら，「足で2人交互にリフティングしながら運ぶ（手を離す，手をつなぐ）」など体の部位を変えて取り組むと難易度も上がり挑戦意欲をかきたてるでしょう。

【グループの人数を変える】

　2人組からスタートして，3人組，5人組と人数を増やしていきます。ポイントは人数を増やしても絶対に両手を離さないで風船を運ぶということです（図2）。

【用具を用いて運ぶ】

　ダンボールやクリアファイルなどをラケット代わりにして2人で交互に弾きながら進んでいきます。図3は，ダンボールに子供用のカラー軍手を貼り付けたものです。

　また，卓球やミニテニスのラケットなど様々な用具を使うとおもしろいです。

領域：体つくりの運動遊び（多様な動きをつくる運動遊び）

2 動物歩きリレー
楽しみながら様々な運動感覚を養う①

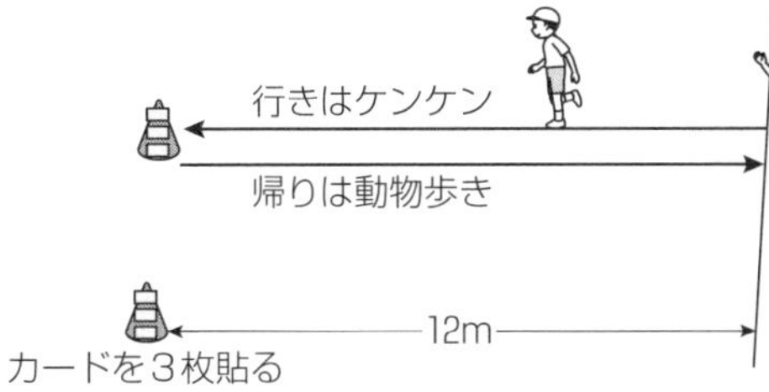

図1　動物歩きリレーの場づくり

図3　くま歩き

図2　うさぎ跳び

図4　あざらし歩き

教材のよさ

本教材は，「動物歩き」をリレー形式で楽しめる教材です。動物歩きにより，「切り返す，支える，逆さになる」などの基礎感覚が養えます。基礎感覚をつくることをねらいながら子供たちが大好きな競争の要素も含んだ教材が「動物歩きリレー」です。

すすめ方

【ルール】
○4名1チーム（図1）。
○まず，行きはケンケンでコーンまで行く。
○コーンに貼ってあるカードをめくる。
○カードには，「①うさぎ，②くま，③あざらし」と書いてある。
○帰りは，そのカードの動物歩きで帰り，タッチして次の人と交代する。1人2回ずつ行ったら1ゲーム終了。

今回取り上げた動物歩きは，「①うさぎ跳び，②くま歩き，③あざらし歩き」です。器械運動につながる基礎的な動きです。

【動物歩き①　〜うさぎ跳び〜】
うさぎ跳びのポイントは，「手をなるべく遠くに着くようにし，手よりも前方に足が着地するように跳ぶこと」です（図2）。
跳び箱運動の切り返し系の技へ発展する動きになります。

【動物歩き②　〜くま歩き〜】
くま歩きのポイントは，「頭より腰をぐっと上げること」です。子供にお尻を高く上げるように指示します（図3）。逆さ感覚を養うための運動です。

【動物歩き③　〜あざらし歩き〜】
あざらし歩きのポイントは，「足の力を抜くこと」です。手の力だけで進むことになるので，腕で体を支持する感覚を身に付けることができます（図4）。

ゲーム性を高める工夫として，コーンに貼ってあるカードをめくって運動させることで，どのチームが勝つかわからない逆転現象のあるゲームになります。

★ 領域：体つくりの運動遊び（多様な動きをつくる運動遊び）

3 変身ジャンケン
楽しみながら様々な運動感覚を養う②

図1　たまご

図3　うさぎ跳び

図2　あざらし歩き

図4　くま歩き

教材のよさ

　ジャンケンをしながら様々な動物に変身するゲームをします。「進化ジャンケン」といわれるゲームです。ここで扱う動物は，進化するものではないので，「変身ジャンケン」とよびます。この中にある動物の動きは，器械運動の基礎となる動きですので，楽しみながら基礎感覚づくりができる教材です。

すすめ方

【主なルール】
○「①たまご」→「②あざらし」→「③うさぎ」→「④くま」→「⑤人間」の順に変身する。
○次の動物に変身するために，ジャンケンをする。ジャンケンは，同じ動物同士でしかできない。
○最初に「たまご」のポーズをする。「たまご」のポーズは，しゃがんで足首を握る（図1）。そのまま手を離さないで「たま・たま・たま…」といいながら移動し，ジャンケンをする相手を見つける。ジャンケンは，「たまご」は，「たまご」としかできない。
○負けた人は，また「たまご」の人とジャンケンをする。勝った人は，「あざらし」になる（図2）。あざらし歩きは，足を使わないで腕だけで「ズリ・ズリ・ズリ…」といいながら移動する。ここも同じように「あざらし」同士でジャンケンをする。
○「あざらし」で勝った人は，「うさぎ」になる（図3）。うさぎ跳びで，「ピョン・ピョン…」といいながら進む。ここでも「うさぎ」同士でジャンケンをする。
○「うさぎ」で勝った人は，「くま」になる（図4）。くまは，頭より腰をぐっと上げることがポイント。「ガオ・ガオ…」といいながら進む。「くま」を見つけてジャンケンをする。
○「くま」で勝った人は「人間」になれる。人間になれた人はクリア（体育館ステージへ上がる）。

★ 領域：体つくりの運動遊び（多様な動きをつくる運動遊び）

4 クラスで盛り上がる運動遊び
様々な動作での運動遊び

図1　クモ鬼

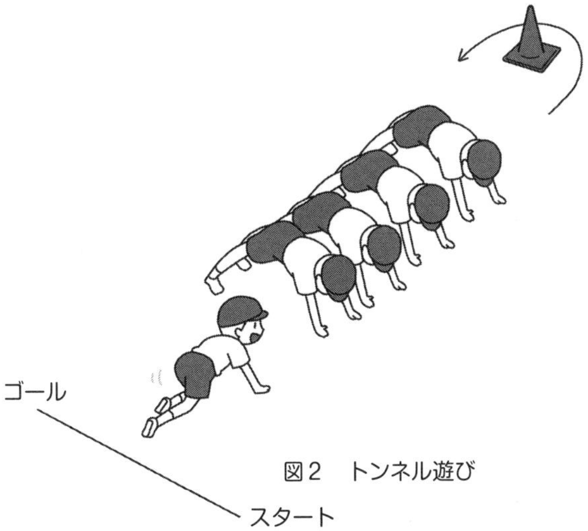

図2　トンネル遊び

図3　大根抜き

教材のよさ

本教材は，「腹を天井に向けて動いたり，ブリッジしたり，ハイハイしたりするなど多様な動きで楽しくできるゲーム」，また，「踏ん張って力を入れないと勝てないゲーム」等，低学年で味わってほしい運動遊びです。

すすめ方

【クモ鬼の主なルール】

○制限時間1分。
○子が逃げられる範囲を決める。
○鬼はハイハイの格好で子を追いかける。子は，仰向けで手足を立てて，4つばいになり，クモの格好で鬼から逃げる（図1）。
○鬼は子を追いかけてタッチし，鬼にタッチされた子は，外野に出て座る。
○鬼にタッチされずに残った子が勝ち。
　また，ルールを変えながら取り組むと飽きずにできます（①鬼もクモで追いかける。②タッチされたら鬼と交代する。③増え鬼にする）。

【トンネル遊びの主なルール】

○5人1組になる。1人は，スタート地点に，残りの4人は腹を下にして4つばいになり，トンネルをつくる（図2）。
○合図でスタートし，トンネルをくぐり終わったら，トンネルをつくり，次の人がスタートする。
○全員がトンネルをくぐり終わったら，手をつないでコーンを回ってゴールする。チーム対抗で行う。

【大根抜きの主なルール】

○子（大根）は，8人程度で円をつくって，背中合わせにして座る。座ったら腕を組む（図3）。
○鬼を決め（複数でもよい），鬼は子の足を引っ張り，組んだ腕をほどこうとする。
○腕がほどけてしまった子は，鬼になる。
○制限時間内（1分）に，両腕を組んだままの子が勝ち。
　子は，うつ伏せでやってもおもしろいです。

★ 領域：体つくりの運動遊び（多様な動きをつくる運動遊び）

5 すもう遊び
片足やしゃがんだ姿勢でバランスをとる

図1　しゃがみすもう

図2　片足すもう

図3　ケンケンすもう

教材のよさ

体のバランスを保つ動きと力試しの動きで構成される運動遊びを3つ紹介します。

「しゃがみすもう」は，しゃがんだ姿勢でのバランスが要求されます。「片足すもう」は，片足でバランスを保つことが大切です。「ケンケンすもう」は，片足で移動しながらバランスを崩さないことがポイントです。

すすめ方

まず，土俵をかきます（直径2m）。3人組になって，1人が行司，2人が対戦します。

【しゃがみすもうの主なルール】
○土俵の中でしゃがんで向かい合って座る。
○行司の合図で相手の手の平を押し合って倒す（図1）。
○しゃがんだまま歩いてもよいが，立ってはいけない。
○足以外の体の一部が着いたら負け。土俵から出ても負けになる。
○頭突きや足で蹴るのは反則。

【片足すもうの主なルール】
○土俵に入り，足が届く距離に向かい合って腕を組む。
○片足を上げる。
○行司の合図とともに上げた足を引っ掛けたり，押したり，絡めたりして相手のバランスを崩す（図2）。
○地面に着いている足が動いたり，上げた足が地面に着いたりしたら負け。
○手を使ったり，足で相手を蹴ったり，上げた足以外への攻撃は反則になる。

【ケンケンすもうの主なルール】
○土俵の中で，片足を上げてケンケンしながら向かい合う。
○行司の合図で，組んだり，押したり，引いたりしながら相手のバランスを崩す（図3）。
○土俵から出たり，上げている足が地面に着いたりした方が負け。

領域：体つくりの運動遊び（多様な動きをつくる運動遊び）

6 ジャンケンゲーム
楽しみながら歩いたり走ったりする

図1　2人組ジャンケン遊び

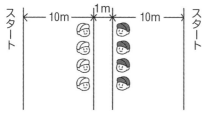

図2　ジャンケン追いかけっこ

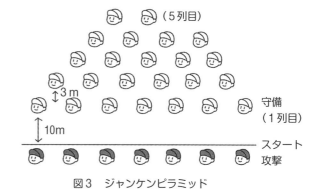

図3　ジャンケンピラミッド

教材のよさ

低学年は，楽しみながら運動を続けていくことが大切になります。特に，ジャンケンなどを用いてわかりやすいルールにすると取り組みやすいです。そこで，ジャンケンを用いて運動することで体力を高める教材を紹介します。

すすめ方

【2人組ジャンケンの主なルール】
○2人組になり向かい合う。
○足ジャンケンをする（図1）。
○負けた人は，勝った人の周りを1周する。
　これを変化のある繰り返しで，ケンケンやうさぎ跳びなどにするとさらに効果的です。

【ジャンケン追いかけっこの主なルール】
○スタート地点から中央ラインまでスキップする。
○中央ラインで止まり，ジャンケンをする。
○負けた人は，スタートラインまで逃げる。勝った人は，負けた人を追いかけタッチする（図2）。
○負けた人は，タッチされずにスタートラインまで逃げ切ったら勝ち。

【ジャンケンピラミッドの主なルール】
○4チームつくる。1チームが攻撃チームで，残りの3チームは守備チームになる（図3）。
○守備チームは，ピラミッドの形になるように5列になる。
○合図で攻撃チームは一斉にスタートし，守備チームの1列目の人とジャンケンをする。
○勝ったら次の列に進み，負けたらスタートラインに戻り，1列目からジャンケンをやり直す。
○最後の列（5列目）の人に勝ったらあがりで，1点。あがった人は，再度スタートラインからスタートする。
○1試合3分間で，合計得点を競う。

★ 領域：体つくり運動（体ほぐしの運動）

7 いっせーの！
仲間と協力したり，助け合ったりして運動を楽しむ

図1　ペアで背中合わせ

図2　グループで背中合わせ（8人）

図3　ペアでつま先合わせ

図4　4人でつま先合わせ

教材のよさ

　本教材は，手軽な運動を通して，体を動かす楽しさや心地よさを味わい，自己や友達の心と体の状態に気付いたり，みんなで豊かに関わり合ったりすることができる運動です。

　2人組から徐々に人数を増やしていくことで，仲間と協力したり，助け合ったりする楽しさが増し，仲間との心のつながりを感じとることができます。

すすめ方

【背中を合わせて「いっせーの！」】
○ペアをつくる。
○背中を合わせて座り，腕と腕を組む（図1）。
○そのまま立ち上がる。
○次に，近くのペアと一緒になり，4人組をつくり同じように行う。

　さらに，図2のように8人組，12人組，16人組と人数を増やしていきます。協力しないとできないため，話し合わせながら何度も挑戦させます。

【つま先合わせて「いっせーの！」】
○ペアをつくる。
○お互いのつま先をつけて座る。
○手を握って立ち上がる。

　図3のようにつま先を合わせて，手を握った状態で立ち上がらせます。これは，容易にできそうですが，できないペアも出てきます。

　次は，図4のように，隣のペアと一緒に4人で立ち上がります。この時，手は必ずしも相手の手を握らなくてもいいです。手首を持ったり，肘を持ったり，腕を持ったりしてもいいようにします。しかし，相手を離してはいけません。

領域：体つくり運動（多様な動きをつくる運動）

8 シンクロ走・リバースムカデ鬼
様々な走りで，バランスよく身体を動かす

図1 シンクロ走

図2 ムカデ鬼

図3 リバース

教材のよさ

中学年の体を移動する運動では，その行い方を知るとともにバランスよく体を動かすことを心がけて行います。

ここでは，5人組で協力しながら行うことのできる「シンクロ走」と「ムカデ鬼」を取り上げます。これらの教材は，様々な動きを楽しみながらゲーム化して取り組みやすくしたものです。

すすめ方

【シンクロ走の主なルール】

○5人1チームで行う。
○1列縦隊に並び，先頭から1番から5番までの番号を決める。
○番号ごとに動きを決める。1番はスキップ，2番はギャロップ，3番は大股走，4番はケンケン，5番は両足ジャンプ（まずは，これらの動きを確認し練習します）。
○先頭になった子供が，自分の動きをする。2番目から後ろの子供は，先頭の子供の動きをそっくり真似する（図1）。
○先生が笛を吹いたら先頭が交替する。先頭だった人は，1番後ろに行く。

手のアレンジ等はチームで考えながらするとおもしろいです。

【リバースムカデ鬼の主なルール】

○5人1チームで，1列縦隊に並び，前の人の肩に手を置く（図2）。
○最後尾の人が相手の先頭にタッチされたら負け。
○協力して最後尾の人を守り，タッチされないように動く。
○先生が「リバース！」といったら，向きが反対になり，先頭の人が最後尾になる（図3）。

最後尾の人をタッチするために攻めていると，いきなり「リバース！」でタッチされる可能性があり，逆転現象が生まれます。

領域：体つくり運動（多様な動きをつくる運動）

9 ボールキャッチゲーム
ボールをコントロールしたりキャッチしたりする

図1　ワンバンキャッチ

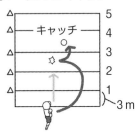

図2　ドッグランキャッチ

図3　くるりんキャッチ

教材のよさ

ボールを操作する運動で，「投げる・捕る」で構成された運動を通して，巧みにボールを操作する動きを身に付けることができるようにします。

すすめ方

【ワンバンキャッチの主なルール】
○ボールはソフトドッジボール1号（MIKASA）がおすすめです。
○ボールを頭上に投げる。
○ワンバウンドさせてからキャッチする。
○ワンバウンドさせて手を1回たたいてからキャッチする（図1）。2回，3回…とたたく回数を増やす。
○次にボールを頭上に投げ，体を半回転（180°回転）してワンバウンドでキャッチする。1回転，1回転半…と回転を増やす。
これらについて，ワンバウンドさせないでキャッチしたり，ジャンプしてキャッチしたりすると難易度が上がり効果的です。

【ドッグランキャッチの主なルール】
（一人でやる場合）
○放物線を描くように投げ上げ，それを追いかけてワンバウンドさせて捕球する（図2）。
○遠くに投げる程，得点が高くなる。
（ペアでやる場合）
○一人が放物線を描くように投げ，もう一人が，そのボールを追いかけてワンバウンドで捕球する。

【くるりんキャッチの主なルール】
○マットの上にボールを投げて，前転してキャッチする（図3）。
○立ってボールをキャッチできたら4点。
○座ってボールをキャッチできたら3点。
○寝てボールをキャッチできたら2点。
○ワンバウンドしたボールをキャッチできたら1点。
やわらかく顔にあたっても怖くないボールを使いましょう。

★ 領域：体つくり運動（多様な動きをつくる運動）

⑩ 交差跳び・あや跳び
手をクロスさせながら跳ぶ動きを身に付ける

図1　縄止め

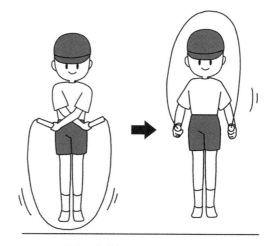

図2　交差からの開きで前跳びへ

教材のよさ

あや跳びは，前回し跳びをするのと同じ動作を繰り返しながら，そこに腕の巧みさが加わる跳び方です。これができるようになることによって，巧みな動きが鍛えられます。

まずは，交差跳びができるようになりましょう。次にあや跳びという順番になります。

すすめ方

【「縄止め」からの交差跳び】

まずは，「縄止め」をします。縄止めは，前跳びの姿勢で構え，縄を後ろから前へ回し，跳ばずに縄を体の前で止める技です。前跳びで数回練習したら，交差をした状態で同じように縄を前で止める練習をします（図1）。その時，縄が頭の上を越えた瞬間に腕を交差させるようにしましょう。

（ポイント1）交差の位置は，へその前で大きく交差すること（交差位置が高いとうまくできない）。

（ポイント2）グリップの先端が外側を向いていること。

上手に交差し，きれいに足の下に縄が引っかかったら，この「縄止め」を数回行いましょう。次に「縄止め」から前に1回ジャンプします。これが基本です。1回跳べたら，**腕の形を崩さずに**2回，3回と連続回しに挑戦します。これで，5回ぐらいできるようになります。

【あや跳び】

交差跳びができたら，交差した腕を開いて戻す練習をします。ポイントは，「腕を交差して跳んでから開く」ことです。跳ぶ途中に開くと引っかかります。前回し跳びを数回入れて，交差して跳ぶ，開いてもとに戻して，また数回前回し跳びをするという要領でコツをつかむとよいでしょう（図2）。これができるようになると「交差跳び，前跳び，交差跳び…」という連続したあや跳びができるようになります。

領域：体つくり運動（体の動きを高める運動）

11 折り返しグループ走
楽しみながらグループで持久力を高める

表1　ボルグの主観的運動強度（RPE）

指標	自覚度	心拍数（拍/分）
20		200
19	非常にきつい	190
18		180
17	かなりきつい	170
16		160
15	きつい	150
14		140
13	ややきつい	130
12		120
11	楽に感じる	110
10		100
9	かなり楽に感じる	90
8		80
7	非常に楽である	70
6	（安静）	60

注）主観的運動強度（RPE）は1962年にスウェーデンの心理学者 Gunnar Borg により開発されたものです。

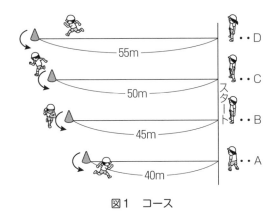

図1　コース

教材のよさ

持久走は，長距離走と混同されやすく，体つくり運動であるにも関わらず長距離の競走教材として扱われる傾向にあります。そのため，「苦しい」，「きつい」といったマイナスイメージを持つ子供が多くいます。しかし，歩道や公園などで走る人をよく見かけます。このように生涯スポーツにつなげるという意味でも楽しみながら運動することが大切になります。そこで，自分の体と対話しながらグループで楽しく走ることができる「折り返しグループ走」を紹介します。

すすめ方

【体の変化に気付く】

楽しみながら長い距離を走るためには，運動強度が上がりすぎると続けられなくなります。表1は，ボルグの運動強度を測る指標です。6～20の段階に分かれており，持久走としては，11（楽に感じる）から13（ややきつい）までの強度が適しているといわれています。この強度を心拍数にすると「指標×10」になります。ですから運動終了時に110～130になることを目指します。

【自分のペースをつかみコースを選択】

距離が違う4つのコース（A80m，B90m，C100m，D110m）（図1）を設定し，30秒でスタート位置に戻る折り返し走をします。同じペースで5分間走ることがポイントです。5分間走り続けて，心拍数を測ることを繰り返しながら，自分に適したコースを選択しました。

【コース別にグループで走る】

コース別にグループをつくり一緒に走ります。グループで声を掛け合いながら走ります。励ましの声に加えてフォームを見る視点を与えました。「直角に腕がしっかり振られているか」，「背骨がピンと伸びているか」などをアドバイスし合いながら走ることができました。

★ 領域：体つくり運動（体の動きを高める運動）

12 トラベラー
短縄の二人跳びを集団で行いながら達成感を味わう

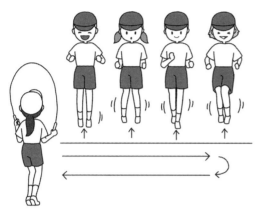

図1　トラベラー（向かい合い）

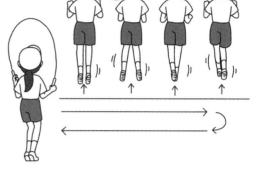

図2　トラベラー（背向け）

教材のよさ

トラベラーは，縄を持っている人が移動することによって複数の人と2人跳びをする運動です。移動しながら2人で合わせて跳ぶ楽しさとチームで行う達成感が味わえる教材であるといえます。

すすめ方

【同じリズムで跳ぶ】

1回旋2跳躍，太鼓のリズムに合わせて跳びます。このリズムを体感させます。

【2人跳び】

2人組をつくります。お互いに向かい合って1つの縄を1回旋2跳躍で跳びます。まずは，5回を目指します。

【トラベラー（向かい合い）】（図1）

5人組になります。4人が横隊に並びます。間隔は，片手1つ分です。縄を持っている回し手は，4人と向かい合って1人目のななめ前に立ちます。

1回旋2跳躍ですから，ゆっくりした前跳びになります。「イーチ，ニーイ，サーン，シーイ」と声を合わせてジャンプしながら，リズムの確認をします。

次の「イーチ，ニーイ，サーン，シーイ」のリズムで回し手は，移動しながら2人組跳びをします。4人とも引っかからずに跳べたら往復して，もとの場所に帰ってきたら合格です。この向かい合い跳びは，縄が移動してくるのが見えることから基本的な技として容易に取り組むことができます。

【トラベラー（背向け）】（図2）

次は回し手に背中を向けて，立ちましょう。回し手が後ろにいることから難易度も上がります。一定のリズムで跳ぶことが大切になります。「イーチ，ニーイ，サーン，シーイ」と声を出すことで一定のリズムを意識して跳びましょう。その他，オリジナルの技を考えて発表しましょう。

★ 領域：体つくり運動（体の動きを高める運動）

13 二重跳び
リズムをつかみ，縄の回転速度を上げ，二重跳びに挑戦！

対象学年：低学年／中学年／高学年

図1　跳びあがり手打ち20回　　図2　跳びあがりもも打ち20回　　図3　二重回し

対象領域：体つくり／器械／陸上／水泳／ボール・ゲーム／表現

教材のよさ

二重跳びは，見た目もよく，小学生の時に達成したいあこがれの運動です。リズミカルに跳びながら，縄をすばやく回旋するタイミングが求められます。難しそうに見える技ですが，スモールステップの指導で，誰でもできる運動です。以下に示すステップをペアで確認しながら行うと楽しく学習することができます。

すすめ方

【1回旋1跳躍　30秒間に70回】

二重跳びに必要な回転スピードを生み出すための練習です。2人組をつくります。1人が跳んで，もう1人が数えます。途中で引っかかっても数えます。1回旋1跳躍を30秒間に70回以上跳べたら合格です。これを学習カードに記録しておくとよいでしょう。伸びがひと目でわかります。

【跳びあがり手打ち・もも打ち20回】

ロープを持たずにジャンプして胸の前で手を2回たたきます（図1）。ジャンプして「タ・タ」，「タ・タ」のリズムを体感させます。その場で跳ぶことが重要になるので，地面に線を引いてその上を跳ぶように指示すると効果的です。次に「跳びあがりもも打ち」をします。これも手打ち同様，ジャンプしてももを両手で2回たたきます（図2）。二重跳びのリズムをつかむための練習です。

【ジャンプしてロープ空回し10回】

縄を片手に持ちます。ジャンプに合わせてすばやく2回回します（図3）。「ヒュ・ヒュ」という音がするように回します。これを10回連続で同じリズムでできるようにします。特に利き手でない方を多く練習しましょう。

二重跳びの最初のうちは，前跳び3回，二重跳び，前跳び3回を目標にします。できるようになってきたら連続で挑戦しましょう。

領域：体つくり運動（体の動きを高める運動）

14 ダブルツイスト跳び
「前回し跳び」と「後ろ回し跳び」をつなげて連続技を身に付ける

対象学年 » 低学年　中学年　**高学年**

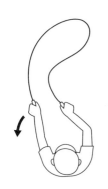

図1　縄を横にはずす

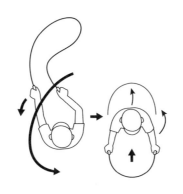

図2　縄を横にはずし方向転換して後ろ跳び

図3　前跳びから後ろ跳びへ

教材のよさ

ダブルツイスト跳びは、「前回し跳び」と「後ろ回し跳び」の連続技です。

跳びのリズムを崩すことなく、前後の跳び方をつなげて跳びます。その際、腰をひねり半回転させることから「ダブルツイスト跳び」と呼ばれています。この跳び方をマスターすることで、前後の連続技が途切れることなくスムーズに行うことができます。

すすめ方

【ステップ1　前跳びから後ろ跳びへ】

前回し跳びで3回ほど跳びます。4回目の跳ぶときに**縄を跳ばないで**、縄が地面に着いたときに左横に流して空回しを入れます（図1）。

その時、体を左回りに方向転換（半回転）して後ろ回し跳びをします（図2）（図3）。

【ステップ2　後ろ跳びから前跳びへ】

後ろ回し跳びを3回ほど跳びます。4回目は後ろにきた縄が地面に落ちると同時に、縄を跳ばないで、右回りに方向転換し、縄を左横に流して空回しを入れます。

その時、縄は体の回転と同時に、体の左側を通って抜けるので、そのまま前回し跳びができます（図4）。

このように常に半回転します（1回転しない）。

図4　後ろ跳びから前跳びへ

これらを連続して跳ぶと「前回し跳び→空回し→後ろ回し跳び→空回し→前回し跳び」となります。その間にいろいろな跳び方をいれて連続技をつくりましょう。

対象領域 » **体つくり**　器械　陸上　水泳　ゲーム・ボール　表現

★ 領域：体つくり運動（体の動きを高める運動）

15 ダブルダッチ
集中力・リズム感・バランスを身に付ける

対象学年：低学年／中学年／高学年

図1　かぶり縄の通り抜け

図2　むかえ縄跳び

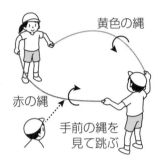
図3　むかえ縄（手前）を見て跳ぶ

対象領域：体つくり／器械／陸上／水泳／ゲーム・ボール／表現

教材のよさ

　ダブルダッチは，2本のロープを使って跳ぶ長縄跳びです。向かい合った2人の回し手が右手のロープと左手のロープを半周ずらして内側に回す中を跳び手が跳ぶというものです。ダブルダッチは跳べると「かっこいい」と感じる子が多く，子供たちには大人気の教材です。ダブルダッチで難しいのは跳び手より回し手です。きちんと回せるようになるまでは教師が回し手をした方がよいでしょう。

すすめ方

【かぶり縄の通り抜け】
　1回転で1人が通り抜けます。徐々に回転速度を上げてスピードアップしましょう（図1）。

【むかえ縄跳び】
　次に，むかえ縄が跳べるようになるのがポイントです（図2）。

【高速むかえ縄跳び】
　ゆっくり回したむかえ縄跳びができるようになったら徐々にスピードを上げて跳べるようになりましょう。

【ダブルダッチに挑戦】

> （指示）　縄を2本回します（黄色：かぶり縄，赤：むかえ縄）。赤色の縄だけを見て跳びなさい。黄色の縄はないものと思いなさい（図3）。

　はじめは縄をゆっくりと大きく回すとよいでしょう。動きはむかえ縄と同じですが，かぶり縄が気になって跳びにくいのです。しかし，できるようになってくると教え合いが始まり次々とできるようになります。

〈跳べない子へのアドバイス〉
「手前の縄（赤の縄）だけを見て跳んでごらん。」

　みんなが跳べるようになったら，様々な跳び方（クロスして入るなど）ができるので，工夫して跳ぶことを楽しみましょう。

領域：体つくり運動（体の動きを高める運動）

16 バンブーダンス
リズミカルに動きながら調整力を身に付ける

図1　バンブーダンスのやり方

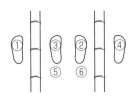

図2　基本ステップ②

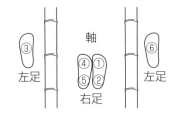

図3　基本ステップ③（右足が軸の時）

教材のよさ

バンブーダンスは，フィリピンなどに伝わる2本の竹（4m程度）を用いたダンスです。3拍子のリズムで，竹に挟まれないようにステップします。基本的なステップをマスターしたら，様々なコンビネーション技に挑戦することができます。技をステップアップしながらリズミカルに動くことで調整力を身に付けることができる運動です。

すすめ方

【バンブーダンスのやり方】
○2人がしゃがんだ状態で，3拍子のリズム「1，2，3」で竹を開閉します（図1）。
○「1，2」で竹を開いた状態で枕竹に打ち付けます。「3」で竹同士を打ちます。
○竹の開閉に合わせてステップします。はじめは竹を開いて床に置いた状態でステップの練習をするとよいでしょう。また，竹では怖いという子には縄跳びなどの紐を用いて行うことをおすすめします。

【基本ステップ①】
両足で，「内，内，外」，「内，内，外」を繰り返します（竹が開いている「1，2」で竹の内側で足を閉じて2回ジャンプ，「3」で竹の外に足を開いてジャンプする）。

【基本ステップ②】
片足ずつ「外，内，内」，「外，内，内」を繰り返します（図2）。

【基本ステップ③】
軸足を竹の中に置いたステップです。例えば，右足を軸足にした場合，「1，2」で右足は竹の中，「3」で左足を竹の左に出して右足を上げる。次にまた「4，5」で右足は竹の中，「6」で左足を竹の右側に出して右足を上げる（図3）（足がクロスステップになる）。

これらをコンビネーションしたり，竹を4本使ってクロスさせたりするなどバリエーションを工夫しましょう。

★ 領域：器械・器具を使っての運動遊び（マットを使った運動遊び）

17 ゆりかご
前転・後転につながる回転感覚を身に付ける

対象学年：低学年／中学年／高学年

図1　ゆりかご

図2　大きなゆりかご

教材のよさ

「ゆりかご」は，前転や後転につながる回転感覚を身に付けることができます（図1）。まずは，できるだけゆっくりさせるようにしましょう。尻→背中→肩→首→頭とマットと触れる部位が移動していく感じを捉えさせます。この回転の感覚は，低学年の時に楽しみながら身に付けさせることが大切になります。

すすめ方

【ゆりかご】
○マットの上に膝を抱えて座る。
○ゆっくり後ろにころんと体を倒す。
○大きくゆれながら前に体を戻す。
○逆さになる感覚をつかみながら繰り返す。
○膝は常に抱えたままの状態。

【前転がり→ゆりかご→しゃがみ立ち】
○前転がりをする。
○そのまま膝を抱えて大きく振る。
○大きくゆれながらしゃがみ立ち。
　立つためには，大きくゆれることが大切です。大きくゆれた勢いで立つことができます。
　また，「後ろ転がりバージョン」は，しゃがみながら後ろに倒れて，ゆりかごでゆれ，大きくゆらした勢いでゆっくり後ろ転がりしてもとの姿勢に戻ります。

【大きなゆりかご】
　大きなゆりかごは，前転や後転につながる動きだけでなく，開脚や伸膝の前転などにもつながります（図2）。
○しゃがんだ姿勢で後ろに倒れる。
○後転の姿勢で手を着く。
○腰の角度を開いて，足を天井高く上げ，背支持倒立の姿勢になる。
○そのまま倒れこみ，回転の勢いをつける。
○その勢いで立つ（もとの姿勢に戻る）。

対象領域：体つくり／器械／陸上／水泳／ゲーム・ボール／表現

★ 領域：器械・器具を使っての運動遊び（マットを使った運動遊び）

18 動きを入れて前転がり
動きを入れた前転がりをして回転感覚を身に付ける

対象学年　低学年　中学年　高学年

図1　うさぎ跳びから前転がり

図2　くま歩きから前転がり

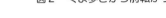

対象領域　体つくり　器械　陸上　水泳　ゲーム・ボール　表現

教材のよさ

　低学年のマットを使った運動遊びでは，楽しみながら器械運動の基礎となる動きを変化のある繰り返しにより数多く経験させます。

　なりきり前転がりは，ものや動物などになりきって前転がりを楽しみます。

　ここでは，マット運動の基礎感覚を身に付ける3つのなりきり前転がりを紹介します。

すすめ方

【おむすびころりん前転がり】

　マットを3つ連結します。

> （指示）
> できるだけ小さい前転がりをしましょう。「おむすびころりん」のおむすびみたいに小さくクルクルクルと回りましょう。

　小さくすばやい前転がりを意識することで，自然と後頭部をつけるようになります。3つのマットで何回できたか回数を競わせてもいいでしょう。

【うさぎ跳びから前転がり】

　うさぎ跳びを図1のようにします。ポイントは，次の2点です。

○できるだけ手を遠くに着くこと。
○着いた手より前方に着地すること。

　数回うさぎ跳びをして，前転がりをします。リズムよくできるようにします。

【くま歩きから前転がり】

　くま歩きを図2のようにします。ポイントは，次の3点です。

○頭より腰をぐっと上げること。
○膝が曲がりすぎないこと。
○足より前に手を持ってくること。

　数歩くま歩きをして，前転がりをします。これもリズムよくできるようにします。

　この3つの前転がりの場をつくり，ローテーションで行います。それぞれのポイントを評価しながらフィードバックしていきます。

領域：器械・器具を使っての運動遊び（マットを使った運動遊び）

19 シンクロゆりかご・前転がり
個人技から集団技へ　易しい技を集団で合わせる

図1　シンクロゆりかご

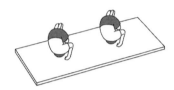

図3　縦のシンクロ前転がり

図2　4人組シンクロ前転がり

教材のよさ

マット運動は，個人の運動ですが，集団で楽しむこともできます。それが「シンクロマット」です。その中で，比較的易しい技として，「シンクロゆりかご」，「シンクロ前転がり」があります。

シンクロさせることで，子供たちは，友達の動きを必然的に見るようになり，技のポイントをアドバイスできるようになります。

まずはシンクロさせる前に，「ゆりかご」や「前転がり」について，個人技としてしっかり指導し，その後で，集団化すると効果的です。

すすめ方

【シンクロゆりかご】
○2人組をつくる。
○ゆりかごを5回し，5回目で立つ。
○きれいに2人がそろって立てるようになったらテストを受ける（図1）。
○合格したら，合格したもの同士で4人組になり，4人で行う。
○このようにして人数を増やして楽しむ。

【シンクロ前転がり】
○2人組をつくる。
○次の2点を確認する。
　・手をしっかり着いていること。
　・おへそを見て回っていること。
○2人で動きをそろえて前転がりをする。
○前転がり後に2人そろって立ち上がる。
○先ほどと同じように2人そろって立ち上がることができたらテストを受ける。
○合格したら，合格したもの同士，4人組で行う（図2）。続けて，6人組，8人組とマットをつなげて行う。
○人数が多くなると，動き出しが難しいので声を出して行うこと（イーチ，ニーイ，サーン，ハイ！）などグループで工夫させる。
○縦のシンクロにも挑戦させる（図3）。

領域：器械・器具を使っての運動遊び（鉄棒を使った運動遊び）

20 鉄棒で遊ぼう
逆さ感覚・腕支持感覚・回転感覚を身に付ける

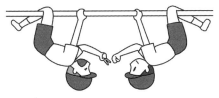

図1　ぶたの丸焼きジャンケン

図2　ピタッとツバメさん

図3　前回りリレー

教材のよさ

　低学年の鉄棒を使った運動遊びでは，楽しみながら器械運動の基礎となる動きを数多く体験させることで，逆さ感覚・腕支持感覚・回転感覚を身に付けます。

　ここでは，逆さ感覚を身に付ける運動として「ぶたの丸焼きジャンケン」，腕支持感覚を身に付ける運動として「ピタッとツバメさん」，回転感覚を身に付ける運動として「前回りリレー」を取り上げます。

すすめ方

【ぶたの丸焼きジャンケン】
○両手で鉄棒を持ち，足を片方ずつかけながらぶら下がる。
○5秒ぶら下がれるようにする。
○次に片手を離してぶら下がる。右手でも左手でもぶら下がれるようにする。
○同時にぶら下がって，ジャンケンをする（図1）。

【ピタッとツバメさん】
○跳び上がって腕で支持する。
○ツバメのように体と肘を伸ばすようにする（図2）。
○難しい子供には腰を持ち上げて補助する。
○3秒静止を目指し，5秒，10秒と伸ばしていく。
○グループの人は「ピタ！1，2，3，4，5」と声を合わせカウントする。
○下りる時は，後方に跳び下りる。

【前回りリレー】
○4人でグループをつくる。
○最初の人が前回りをする。残りの人は，整列して応援する。
○前回りが終わったら，最後尾の人を回って先頭に行く（図3）。
○最後の人が前回りをし，最後尾を回って先頭にきたら，「オー！」と大きな声を出して座る。1回できたら連続2回に挑戦する。

領域：器械・器具を使っての運動遊び（跳び箱を使った運動遊び）

21 馬跳び
両手で支持し，腕を支点とした体重移動の感覚を身に付ける

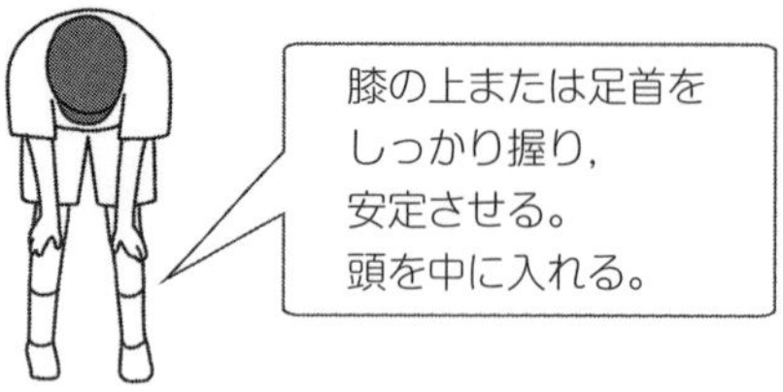

対象学年：低学年／中学年／高学年

対象領域：体つくり／器械／陸上／水泳／ゲーム・ボール／表現

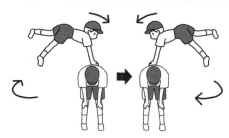

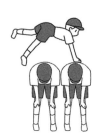

図1　馬の姿勢
膝の上または足首をしっかり握り，安定させる。頭を中に入れる。

図2　30秒連続跳び

図3　連結馬跳び

教材のよさ

馬跳びは，1人が馬に，もう1人が跳び手になります。馬は，上体を前にかがめて両手で自らの両足首あるいは膝の上をつかんで支持します。跳び手は，それを開脚しながら跳び越えます。跳び箱がなくてもできるので，普段の遊びの中で手軽にできる運動です。腕を支点とした体重移動の感覚を身に付けることができます。

すすめ方

【馬跳び】

2人組をつくります。1人が馬になり，もう1人が跳び越えます。

（馬のポイント）

肩幅より少し広めに足を開きます。足首または膝の上をしっかり持って支えます（図1）。指導者はこの姿勢をつくれているか確認が必要です。馬が安定しないとケガのもとになります。

（跳び手のポイント）

両足で力強く踏み切ります。肘を伸ばし，着手して，開脚しながら跳び越えます。

【30秒連続跳び】

1人が30秒で何回跳べるかに挑戦する馬跳びです（図2）。

クラスで目標回数を設定したり，個人の記録をつけたりしていくと挑戦意欲がわいていいでしょう。

【連続馬跳び】

グループで一列になり馬をつくります。等間隔に馬が並ぶことがポイントです。目印等があるといいでしょう。連続してリズムよく跳び越えましょう。

【連結馬跳び】

2人連結した馬をつくります。その際，しっかり体をつけて固定します。跳び手は，2，3歩助走をつけて跳びます。2人目の馬に着手できると跳びやすいです（図3）。

領域：器械・器具を使っての運動遊び（跳び箱を使った運動遊び）

22 連結跳び箱ゲーム
肩を支点とした体重移動を身に付ける

図1　腕の支えと突き放し

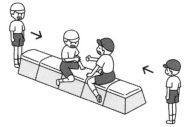

図2　ドンジャンケン

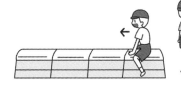

図3　連結跳び箱リレー

教材のよさ

跳び箱が跳べるようになるためには，「肩を支点とした体重移動」の感覚を養う必要があります。

まず跳び箱にまたがった姿勢から上体の反動を使って前方に体を押し出し，足も前方に振り出して着地します（図1）。開脚跳びでは，この体重移動が極めて重要になります。

そこで，その感覚を身に付けるために連結跳び箱を使って，この動作を楽しみながら繰り返します。

跳び箱を長く連結します。その跳び箱にまたがりながら肩を支点とした体重移動をさせながら進んでいきます。大きな動作にさせるためには，少ない回数でゴールできるように促します。

すすめ方

【ドンジャンケンの主なルール】
○跳び箱を5つ連結する。
○1チーム2人で行う。
○両端から一斉にスタートし，相手とぶつかったところでジャンケンをする（図2）。
○勝ったらそのまま進み，負けたら次の人がスタートする。
○勝った！負けた！と次の人に大きな声で知らせる。
○早く相手のところに着いた方が勝ち。

【連結跳び箱リレーの主なルール】
○1チーム4人。
○腕で支持して跳び箱にまたがった姿勢から上体の反動を使って前へ体を進める（この時なるべく遠くに手を着くようにアドバイスをする）。
○跳び箱をまたぎ終わったら，走って戻り最後尾の人の後ろを回って次の人にタッチする（図3）。
○最後の人が終わったら，大きな声で「オー！」といって座る。
※チームで一斉に行うだけの跳び箱がなかったらタイムレースにしてもよい。

★ 領域：器械運動（マット運動）

23 側方倒立回転
片足振り上げ・振り下げの壁倒立から側方倒立回転へ

図1　かえる倒立・かえる足打ち

図3　片足振り上げ・振り下げの壁倒立

図2　壁よじのぼり倒立

図4　側方倒立回転

教材のよさ

側方倒立回転は，「正面を向き，体を前方へ振り下ろしながら片足を振り上げ，前方に片手ずつ着き，腰を伸ばした姿勢で倒立位を経過し，側方回転しながら片足を振り下ろして起き上がる技」です（図4）。

この技ができるようになるためには，側方倒立回転に近い倒立の習得が不可欠になります。側方倒立回転は，子供たちにとって，習得したいと思う人気がある技の1つです。スモールステップで段階的に指導することで，誰でもできるようになります。

すすめ方

【かえる倒立・かえる足打ち】

かえる倒立・かえる足打ちで腕支持の感覚，逆さ感覚を養います（図1）。かえる倒立は，10秒間，かえる足打ちは3回を目標にしましょう。これは，マット運動の基礎となる運動です。毎時間行うとよいでしょう。

【壁よじのぼり倒立】

倒立ができることが不可欠ですので，倒立の練習をします。まずは，壁よじのぼり倒立から行うとよいでしょう（図2）。あごを上げるように支持すると背中が伸びます。

【片足振り上げ・振り下げの壁倒立】

壁よじのぼり倒立ができるようになったら，膝を伸ばした「片足振り上げ・振り下げの壁倒立」に挑戦します（図3）。これができるようになれば，ほぼ側方倒立回転ができたといっても過言ではありません。

側方倒立回転の手足の運びは，「右足→左足→左手→右手→右足→左足」というようになります（図4）。片足ずつ振り上げて，振り下げる必要があるので，その練習をします。図3の壁倒立をする際に，片足ずつ振り上げて倒立します。また下りる際も片足ずつ下ります。膝を伸ばして行うのがポイントです。

★ 領域：器械運動（鉄棒運動）

24 膝掛け振り上がり
膝を伸ばして，大きく振り手首を返して上がる

図1　膝を伸ばす

図2　大きく振る

図3　手首を返して上がる

教材のよさ

膝掛け振り上がりは，「片膝を鉄棒に掛け，腕を曲げて体を鉄棒に引きつけながら，掛けていない足を前後に大きく振動させ，振動に合わせて前方へ回転し手首を返しながら上がる技」です。

この上がり技は，ぜひ中学年でマスターしたい技の1つです。しかし，思い切り体を倒して逆さになることを怖れるあまり振る動きが小さくなってしまう子もいます。

ですから，逆さ感覚を十分に養う運動（ぶたの丸焼きジャンケン，こうもりからの倒立下りなど）を行いながらステップアップしていきましょう。

すすめ方

【膝掛け振り上がりのポイント】

（1）掛けていない方の膝を伸ばす（図1）

これが大切です。できない子は，膝が曲がっている子が多いです。膝を掛けたらもう片方の膝はしっかり伸ばしましょう。

（2）掛けていない足を振り子のように大きく振る（図2）

足は鉄棒を越えるように大きく振ります。この時，逆さになり，頭が下になることで足が上がります。

（3）手首を返して上がる（図3）

大きく振りながら腕は軽く曲げて肩の位置を上げます。大きく振りながら手首を返して鉄棒を押して上がります。上がることができるかどうかは手首の返しによります。

この3点について，ペアで確認しながら行うとよいでしょう。また，この技は，膝の裏を鉄棒で擦りつけるため痛みを伴います。ニーパッドをつけるか，鉄棒用のサポートパッドなどをつけるようにして痛さをやわらげることが大切です。

領域：器械運動（鉄棒運動）

25 後方片膝掛け回転
背中・肘を伸ばし，勢いよく体を後方に倒す

図1　背筋と肘を伸ばした姿勢　　　図2　勢いよく後方へ倒れて回転し，止まる

教材のよさ

後方片膝掛け回転は，「前後開脚の支持の姿勢から後方へ上体と後ろ足を大きく振り出し片膝を掛けて回転し，手首を返しながら前後開脚の支持の姿勢に戻る技」です。

この技は，逆さ感覚と後方への回転感覚が必要になる運動です。まずは，ツバメの姿勢から片膝を掛けて，もう片方の足を振ったり，後方に倒れ込んだりしながら感覚をつかむようにしましょう。

すすめ方

この技ができるようになるためには，「背筋と肘を伸ばした姿勢」と「回転の勢い」が大切になります。

（1）背筋と肘を伸ばした姿勢（図1）

背中が曲がっていると小さな振りになってしまい勢いがつきません。そこで，鉄棒上での姿勢が大切になります。片膝を掛けた鉄棒上で，視線を前方に向け，肘と背中をまっすぐに伸ばします。

（2）勢いよく後方へ倒れる（図2）

掛けていない足は，膝を伸ばして前後にスイングし，勢いをつけます。「1，2，3」のタイミングで背筋と肘を伸ばしたまま後方に大きく倒れ込みます。この時，太ももにある鉄棒を膝の裏に移して，勢いよく倒れ込むことで，頭が下になり回転に勢いがつきます。

後方に回転することで怖がる子供には，以下のように徐々にステップアップしていきましょう。

①片足を前に出して，鉄棒の上に座ることができる。
②体を後方に倒すことができる。
③太ももから膝の裏に移動して勢いよく体を後方に倒すことができる。
④補助付きでできる。
⑤補助がなくてもできる。

● 領域：器械運動（マット運動）

26 台上前転
マットから徐々に高さを変えてスモールステップで

図1　一段低い跳び箱から

図2　トン・トン・トーン

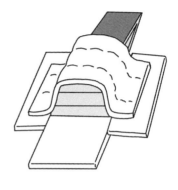

図3　マットを巻いた場

教材のよさ

台上前転は、「助走から両足で踏み切り、腰の位置を高く保って着手し、前方に回転して着地する技」です。

この技の達成には、「マットでの前転ができること」が最低条件になります。マットでの前転から低い高さを入れることで徐々にステップアップしていきましょう。

すすめ方

この技ができるようになるために、次の3つのステップで行います。

ステップ1【マットでの前転】

マットの上で前転をします。ここでは、腕で支持してまっすぐに回れていることを確認します。次にマットを重ねて高さをつけていきます。

ステップ2【台の上からの前転】（図1）

台上前転をする際、頭より腰が上がった状態で前転に入ることになります。腕でしっかり支持してから、頭の後ろをついて前転します。これで腰の位置も自然と高くなり、台上前転の姿勢に近くなります。

ステップ3【トン・トン・トーン（図2）】

助走しないで台上前転をします。跳び箱に両手を着いて、「トン・トン・トーン」と跳ねます。最後の「トーン」で腰を高くして前転します。最初は、1段の跳び箱からスタートします。腰が上がらない子がいますので、補助する必要があります。

【マットを巻いた場で台上前転（図3）】

怖がる子には4段の跳び箱にマットを巻きます。マットを巻くだけで恐怖心がなくなります。また、両側にもマットを置くと安心して挑戦できます。ここでもまずは助走なしで「トン・トン・トーン」で腰を高く上げて回ります。できるようになったら助走をつけても回転できるようになります。マットを巻いた場でできたら、跳び箱だけの場で挑戦しましょう。

★ 領域：器械運動（跳び箱運動）

27 シンクロ・集団跳び箱
集団やペアで合わせて跳ぶ楽しさを味わう

図1　シンクロ跳び箱

図2　集団跳び箱

教材のよさ

　シンクロ跳び箱は，跳び箱を2台並べて置き，2人で息を合わせて同時に跳びます。

　2人でシンクロさせることで，助走，踏み切り，着手，空中姿勢，着地に至るまで集中して行う必要があります。それによって，技のできばえに美しさを求めるようになります。

　集団跳び箱は，グループで技を考えながら連続跳びをします。連続性とスピード感にあふれる跳び箱運動です。

　シンクロ跳び箱や集団跳び箱は，個々の技に挑戦する喜びだけでなく，ペアやグループで楽しさを共有できる跳び箱運動です。

すすめ方

【シンクロ跳び箱】
○1グループ4人でペアを2組つくる。
○1組のペアが跳んでいる時は，もう1組のペアはアドバイザーになる。
○技のできばえについて，お互いが評価する。
○同じ技で跳ぶのが基本。
○跳び方を選ぶ（中学年では，開脚跳びにするか，台上前転にするかなど）。
○跳び箱の高さを段違いにしてもいいし，高さをそろえてもよい。ペアで相談して自分に合った高さにする。
○息を合わせて，「助走，踏み切り，着手，空中姿勢，着地」を合わせて跳ぶ（図1）。
○2人組でできるようになったら，3人組3台の跳び箱でリズミカルに息を合わせて跳ぶこともできる。

【集団跳び箱】
○1グループ6人。
○6人1列に並ぶ。
○まずは，縦方向から連続して跳ぶ。
○次に，横方向から連続して跳ぶ。
○さらに，縦と横を3人ずつに分けて，交互に連続して跳ぶ（図2）。慣れてきたら技を変えるなど工夫する。

★ 領域：器械運動（マット運動）

28 ヘッドスプリング
頭はね起きのはね動作のタイミングがポイントになる

対象学年：低学年／中学年／高学年

図1　ステージからのはね起き

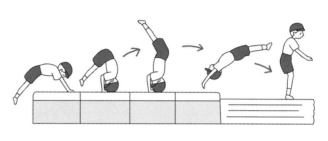

図2　段差をなくして

教材のよさ

　頭はね起きは，「両手で支えて頭頂部をついて屈身の姿勢の頭倒立を行いながら前方に回転し，尻が頭を越えたら腕と腰を伸ばし，体を反らせながらはね起きる回転技」です。

　子供にとってかっこいいと思えるあこがれの技です。難しい技ですが，段階的に指導していくことでできるようになります。

　まずは，段差を利用しながら指導していきましょう。

すすめ方

【ステージからのはね起き】
○体育館のステージを利用して行う。
○ステージの上から垂らした状態でマットを敷く。
○着地地点にセーフティーマットを敷き，安全を確保する。
○マットの上に手と頭をしっかり着く。
○腰を前に出し，膝を伸ばす。
○膝を伸ばして勢いをつけ，一気に倒れ込む。
○力強くマットを押し放す。
○十分に反りながら，着地する。

　これができるようになったら，立った姿勢で挑戦しましょう（図1）。

【段差をなくして】

　次に段差を徐々になくしていきます（マットを重ねて行うなど）。そして，最終的に手を着く位置と同じ高さで練習します。
○1段の跳び箱を縦に並べて置く。
○着地位置が同じ高さになるようにセーフティーマットを置く。
○跳び箱の上に手と頭をしっかりと着き，膝を伸ばして勢いをつけ，一気に倒れ込む（図2）。
○力強く跳び箱を押し放し，十分に反りながら，着地する。

　まずは，しゃがみ立ちでよいので，徐々に立てるように練習しましょう。

対象領域：体つくり／器械／陸上／水泳／ゲーム・ボール／表現

領域：器械運動（マット運動）

29 倒立への道
様々な倒立技を身に付ける

対象学年：低学年／中学年／高学年

図1　壁のぼり倒立　　図2　補助倒立　　図3　立位からの壁倒立

教材のよさ

倒立技は，様々な種類があります。難易度を少しずつ上げていくことでできるようになります。逆さ感覚や腕支持感覚をつけていきながら少しずつ難しい技に挑戦していきましょう。最終的には，「1人倒立（補助や支えがなくてもできる倒立）」ができるようにします。

すすめ方

【壁のぼり倒立】
○床に両手を着く。
○片足を上げる（図1）。
○両足を上げていく。
○手を壁に近づけていく。
○あごを出して逆立ちの完成。

【補助倒立】
○補助者は，側面から片方の伸ばした足を上げる。
○さらに補助者は，膝と腰を押さえて，足を引き上げる。
○もう片方の足を引きつける（図2）。
○補助者は，背面に回り込んで両足を補助する。
○補助者の方に倒れ込まないようにバランスをとって完成。

【立位からの壁倒立】
○腕を振り上げる。
○両手を着き，足を片方ずつ上げる（図3）。
○目線は，両手を底辺とした正三角形の頂点を見るようにする。
○体を反らしてバランスを保つことが大切。
○さらに片手を離して，2人組になってジャンケンをするなどして楽しむこともできる。

これらのステップを経て，1人で倒立ができるように練習をします。倒立は，あごを出し，膝，腰を伸ばします。その完成したスタイルを意識して練習します。

★ 領域：器械運動（鉄棒運動）

30 後方支持回転
脇をしめ，鉄棒に巻き付くように回転する

図1　ツバメ

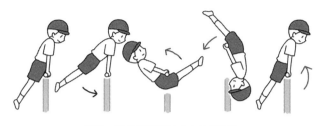

図3　鉄棒に巻き付くように回る

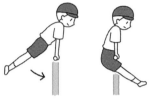

図2　1，2，3のタイミング

対象学年≫ 低学年／中学年／高学年

対象領域≫ 体つくり／器械／陸上／水泳／ゲーム・ボール／表現

教材のよさ

後方支持回転は，「支持の姿勢から腰と膝を曲げたまま体を後方に勢いよく倒し，腹を鉄棒に掛けたまま回転し，手首を返して支持の姿勢に戻る技」です。この技は，足を地面に着かないで逆上がりをするため，「空中逆上がり」ともいいます。子供にとっては，逆上がり同様にできるようになりたい技の1つといえます。

この技ができるようになるためには，「ツバメがきれいにできること」と「鉄棒に巻き付くように回転をさせること」です。

すすめ方

【ツバメ】

ツバメの姿勢をとります（図1）。ツバメは，次の3点ができているか確認しましょう。

① 肘が伸びていること。
② 膝が伸びていること。
③ 視線は前に。

腹筋に力を入れてこの姿勢を保ちましょう。この姿勢ができていないと勢いが出ないのできれいに回れません。

【1，2，3のタイミング】

このツバメの状態から足を振り，勢いをつけます（図2）。その際，勢いをつけすぎないようにしなければなりません。自分に合った丁度いい勢いになるように練習しましょう。回るときは，「1，2，3」のタイミングで回るようにします。

【鉄棒に巻き付くように回る】

できない子のほとんどが，鉄棒から体が離れてしまっています。回るときは，鉄棒から離れないようにくっついて，巻き付くように回ります（図3）。ここでは，教師が補助することで，鉄棒に巻き付くように回るタイミングをつかむようにします。あごを出すと鉄棒から離れますから，「あごを引くことで，脇をしめる」ということがポイントです。

★ 領域：器械運動（鉄棒運動）

31 両膝掛け振動下り
こうもり下りからこうもり振り下りへ

図1　両膝掛け振動下り

図3　ハンドサイン

図2　へのへのもへじをかく

教材のよさ

「両膝掛け振動下り（こうもり振り下り）」は，鉄棒に両膝を掛けて両手を離し，体を前後に振動させ，振動が切りかわるところで膝を鉄棒から外して下りる運動です（図1）。この運動は，非日常的な動きで怖さを伴いますが，できばえのかっこよさからできるようになりたいと学習意欲をかき立てる教材であるといえます。

すすめ方

【鉄棒に両膝を掛けてぶら下がる】

まずは，鉄棒に両膝を掛けてぶら下がることが大切になります。しかし，こうもりになったときに，逆さになることを怖がり脱力できないで腰が曲がる子が多くみられます。このようなときは，**意識を外部の対象に集中させるように指示する**と効果的です。

【指示1】地面に「へのへのもへじ」を2回かいてみよう（図2）。

この指示により腰を伸ばしてぶら下がることになり，自然にコツもつかめるようになります。

【両膝を掛けて前後に大きく振動】

腕の動作で体を振っているように見えますが，腕を振って体を前後に振ろうと試みてもなかなか振ることができない子がいます。そこで，**意識をその他の部位に集中させます**。

前に振ったときあごを出し，後ろに戻ったときにあごを引くように指示します。

【指示2】「アーン」（あごを出す），「ウン」（うなずく）というふうに繰り返そう。

【タイミングよく足を離し着地】

視線を段階的に上の方に上げることで大きな振りになります。そこで，2人組になって1人が前に立ってハンドサインを出します。

【指示3】顔のところまで上げたハンドサインが見えたら足を離そう（図3）。

大きく前方に振ったときに腕を支えて補助するといった「補助付きこうもり振り下り」を数回行うとよいでしょう。

★ 領域：器械運動（跳び箱運動）

32 かかえ込み跳び
うさぎ跳びからステップアップしたかかえ込み跳び

図1　うさぎ跳びでマット越え

図3　かかえ込み跳び

図2　ステージに跳び上がり・跳び下り

教材のよさ

かかえ込み跳びは，「助走から両足で踏み切って着手し，足をかかえ込んで跳び越し着地する」切り返し系の運動です。間違いやすいのは，「中抜き跳び」との違いです。「中抜き跳び」は，両手で体を支持してブランコのように足を前に抜くだけの技です。ですから着手の時間も長くなります。しかし，かかえ込み跳びは，着手の時間も短く，体も一度伸びた状態になります。

この技ができるようになるためには，跳び越しやすい場で「踏切り→着手→着地」までの動きが身に付くようにすることが大切です。

すすめ方

【うさぎ跳びでマット越え】

跳び終わっても両手が床に着いていないように指導します。「足→手→足」の順で床に着くような手の突き放しが大切になります。

そこで4人に1枚程度マットを用意し，うさぎ跳びをします（図1）。その際，「着いた手より足が前にくるように跳びましょう。」という指示をします。そのようにマットを跳び越えさせることで腰が上がったうさぎ跳びになり，かかえ込み跳びに近い動作になります。

次にマットを2枚，3枚と積み重ねて高さを出して練習します。

【ステージに跳び上がり・跳び下り】

ステージへの跳び上がりは，かかえ込み跳びの前半の動作である「足の引きつけ」を体得するのに有効です（図2）。

また，ステージからの跳び下りは，腰を高く上げて着手し，後半の動作である「手の突き放し」を体得させるものです。その際，あごを上げることで，体が伸びた状態になることが大切です。

これらの動作（足→手→足）を身に付けることで，かかえ込み跳び（図3）ができるようになります。

領域：器械運動（跳び箱運動）

33 頭はね跳び
膝の伸びとためを意識した頭はね跳び

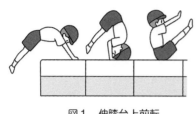

図1　伸膝台上前転

図2　ステージからの伸膝前転下り

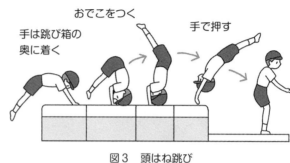

図3　頭はね跳び

教材のよさ

頭はね跳びは，「伸膝台上前転を行うように腰を上げ回転し，両手で支えながら頭頂部をつき，尻が頭を越えたら腕と腰を伸ばし，体を反らせながら回転する技」です。子供にとってこの技は，できばえがよく，最大のあこがれの技といってよいでしょう（図3）。

この技ができるようになるためには，「①膝を伸ばすこと。②ためをつくること。③はねのタイミングをつかむこと。」です。

すすめ方

【伸膝台上前転】

膝をピンと伸ばした台上前転ができるようにならなければなりません（図1）。踏み切った時に膝が伸びるように「曲げ，ピン！」の感覚で指導するといいでしょう。膝を伸ばす感覚がわからない子供には，教師が膝を持ち，膝が伸びるように補助するといいです。できるようになったら，今度は，ゆっくり回るように指導します。「ため」をつくるためです。

【ステージからの伸膝前転下り】

頭はね跳びを行うためには，跳ねる前の「ため」の姿勢をとる必要があります。それを体得するために体育館のステージを使って練習します（図2）。ステージの上からゆっくり前転して下ります。ポイントは次の3点です。

○ステージの上から膝を伸ばして前転する。
○ゆっくり回って着地する。
○体を反らすようにして着地する。

次に，ステージから「はね」の感覚を指導します。蹴る方向は「斜め上方」です。体育館の天井のライトなど目標物を与えるとわかりやすいでしょう。また，はねるためには，手の平でマットを強く押し，背中を反らすように着地できるとよいです。ステージからのはね下りができるようになれば，補助をしながら跳び箱で練習します。

● 領域：走・跳の運動遊び（走の運動遊び）

34 カラー折り返しリレー
作戦を立てて，チームで協力しながら走力を身に付ける

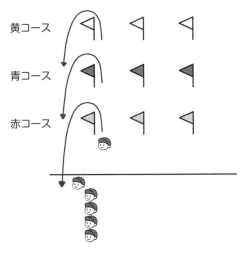

図1　赤・青・黄色折り返しリレーのコース

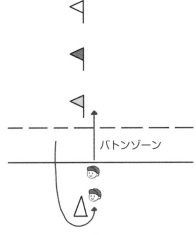

図2　バトンパスを入れたコース

教材のよさ

折り返しリレーは，チーム一丸となって取り組むことができ，子供たちに人気がある教材です。しかし，同じコースで同じ条件で走らせると，勝負が途中で決まってしまう可能性があります。

今回の教材は，3つのコースをつくり，能力に応じて走るコースを選択できるようにしました。だれが何番目にどのコースを走るのかわからないため，最後まで勝敗がわからず，逆転現象を秘めた教材です。

すすめ方

【赤・青・黄色折り返しリレー】
○6人1チーム。
○6人のうち，赤コース，青コース，黄コースを各コース2人ずつ決める（図1）。
○何番目に走るか決める。
○バトンパスは，手の平でタッチしたら次の人が走るようにする。
○最後の人は，ゴールを走り抜け，最後尾に並び，全員が座ったら終了（全員が座るまでゴールではない）。

この教材のポイントは，作戦です。次の指示をします。

> （指示）だれがどのコースを走るのかを考えます。走るコースと順番を決めなさい。

ここで，チームによって色々な作戦が出ます。例えば，赤コースを1，2走者にして序盤でリードする作戦や，その逆で最後に逆転をねらう作戦などです。

また，はじめは，手タッチでつなぐといいと思いますが，バトンパスを入れたい時は，図2のように，後方に三角コーンを置いて，それを周回することで，スタートラインの前方でバトンパスをできるようにします。このバトンパスを入れることで，その技術の差が勝敗を分けることになります。

領域：走・跳の運動遊び（走・跳の運動遊び）

35 ホームランリレー
走の要素と跳の要素を組み込んだリレー遊び

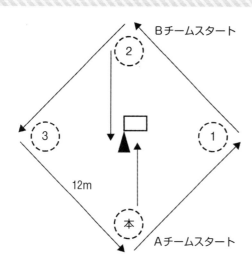

図1　ホームランリレーのコース

図2　カンガルージャンプ

教材のよさ

ホームランリレーは，走の要素と跳の要素を組み込んだリレー遊びです。

すすめ方

【ホームランリレーのルール】
○6人1チーム。
○フラフープを野球のベースのように置く。フラフープ間は12m（図1）。
○走者は，フラフープの外側を走る。
○1つのコースで2チームが勝負する。Aチームは本塁からスタートし，Bチームは2塁からスタートする。
○1人が左回りに1周走って，次の人にリレーする。
○はじめの1区間目は，スキップする（Aチームは，本塁から1塁までを，Bチームは，2塁から3塁まで）。
○2区間目は，カンガルージャンプする（Aチームは，1塁から2塁までを，Bチームは，3塁から本塁まで）。
○3区間目から4区間目は，全力走をする（Aチームは，2塁から本塁までを，Bチームは，本塁から2塁まで）。
○何番目に走るか決める。
○バトンパスは，手の平でタッチしたら次の人が走るようにする。
○最後の人は，最後の塁を回り，真ん中にあるフラッグを早くつかんだ方が勝ち。

スキップやカンガルージャンプ（図2）などは，できるようにしておくために，日々の授業の中に取り入れましょう。また，ケンケンやギャロップ，バックステップなどを取り入れるなど変化をつけると楽しんで運動することができます。ここでは，最後の2区間が全力走になります。ベースランニングの要領で少し膨らみながら走ることでオーバーランを防ぐことができます。子供に走り方を考えさせるとよいでしょう。

領域：走・跳の運動遊び（走の運動遊び）

36 ボール運び競争
リズムよく走りながら相手のボールを奪い合う走の遊び

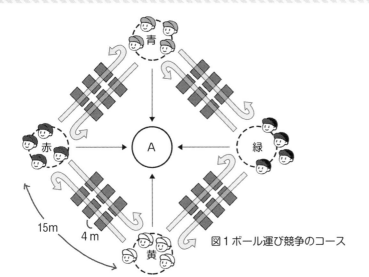
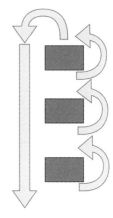

図1 ボール運び競争のコース　　図2　帰りは左回りに

教材のよさ

走の運動遊びは，距離や方向などを決めて走ったり，段ボールや輪などの低い障害物を跳び越えたりすることが示されています。

走ったり，跳び越えたりする要素を入れながらゲーム性を持たせたものがボール運び競争です。ボール運び競争は，敏捷性，巧緻性を高めることができる教材です。

すすめ方

【ボール運び競争のルール】

○フラフープを正方形に置く。フラフープ間は15m（図1）。
○中央Aにボールを20個程度置く。
○4人1チームで4色のビブスを着て，フラフープのところに分かれる（例えば，図1のように，青・赤・黄・緑チームに分かれる）。
○まず，リレー形式で中央Aのボールを取りに行く（真ん中に走る順番を決めて走り，タッチしたら次の人がスタートする）。
○真ん中のボールがなくなった時点で，相手チームのボールを奪いに行く（青チームは赤チームと緑チームのボールを，赤チームは青チームと黄チームのボールを奪いに行く）。
○相手のボールを奪いに行く時は，リレーでなく，ランダムにできるだけ多く相手チームのボールを奪う。
○相手チームに行く時，往路は3つの障害（段ボール，輪など）をリズムよく跳び越えながら走る。障害のインターバルは，4m。
○相手チームからの復路は，ボールをつかみ左回りに回って走って自分たちの陣地に戻る（図2）。
○2分間でできるだけ多くのボールを運んだチームの勝ち。

対角線のチームのボールを奪いに行くなどルールをアレンジしてもかまいません。

領域：走・跳の運動遊び（跳の運動遊び）

37 かかしケンパー跳び
片足や両足で前方に連続して跳ぶ力を身に付ける

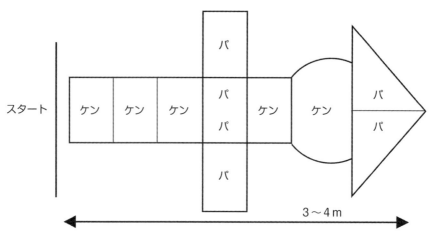

図1　かかしケンパー遊びの場

教材のよさ

ケンパー跳び遊びでは，「片足や両足で，いろいろな間隔に並べられた輪等を連続して前方に跳ぶ」ことを学習します。そこで，昔遊びである「かかしケンパー跳び」を紹介します。この教材は，「片足で跳ぶ。片足で跳んで両足で着地する。跳んで180°方向転換する。片足のまま投げ入れた石を拾う」などの動作が要求されます。遊びながらそのような力を身に付けることができる優れた教材です。

すすめ方

【かかしケンパー跳びのルール】
○1チーム2，3人で石を1つずつ持つ。
○グラウンドにかかし（図1）を描く（頭から足まで3，4mくらい）。
○スタートから1～3段目は片足で跳ぶ。
○4段目（手と胴）は，両足で「パ！パ！」と右左2回跳ぶ。
○5，6段目（首と顔）は，片足で跳ぶ。
○7段目（笠）は，両足で着地し，ジャンプして180°方向転換してスタート方向を向く。
○帰りも同じように帰る。

以上が跳び方です。次に石を入れた遊び方です（石があるところには入れない）。
○まず，1段目に石を投げ入れる（石がマスに入らなかったらアウト）。
○石が入っている所に足を入れることはできない（この場合は，1段目をとばして，勢いをつけて2段目からスタートする）。
○笠まで行ったら引き返し，1段目にある石を拾ってスタート線まで跳ぶ。このようにして，石を2段，3段と入れながら進んでいく。

成功したら，連続してできます。失敗したら，できたマスの所に石を置きます（例えば，3段目で失敗したら2段目に置く）。友達の石も避けて進まなければなりません。

★ 領域：走・跳の運動遊び（走の運動遊び）

38 ぴょんぴょんジグザグリレー
障害物を越えたり，ジグザグに走ったりしながら様々な走り方を身に付ける

対象学年　低学年　中学年　高学年

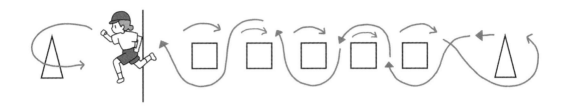

図1　ぴょんぴょんジグザグ走のコース

教材のよさ

低学年の走の運動遊びでは，低い障害物を用いてのリレー遊びがあります。ダンボールなどの障害物を越えながら走ります。

本教材は，その障害物を乗り越えた後に，蛇行して走る要素を入れました。蛇行してステップを切るという走は，鬼遊びやボール運動につながる走になります。

低学年では，様々な走を体験させながら巧みな動きを身に付けさせたいと考えます。

すすめ方

【ぴょんぴょんジグザグリレー】
○6人1チーム。
○三角コーンまでは，ダンボールをジャンプで越えて走る。
○帰りは，ダンボールをジグザグに避けながら走る。
○次の人につなぐ時は，三角コーンを回ってからバトンパスをする。
○ダンボールを置く位置を話し合って決め，ダンボールを各チーム5つずつ置く。
○走る順番を決める。

はじめは，ダンボールを教師が等間隔の場所に置きます。次に子供が自分たちで話し合ってどうすれば速く走ることが出来るかを考えます。ダンボールの間隔を狭くしたり，広げたりしながら試していました。

また，ダンボールの他にも次のようなものを代用することができます。

- ケンステップを跳び越える。
- 曲線ラインを2本引いた川を跳び越える。
- ペットボトルに水を入れた物を跳び越える。
- 高さ30cmぐらいに張ったゴムを跳び越える。
- 三角コーンを横に倒した物を跳び越える。

対象領域　体つくり　器械　陸上　水泳　ゲーム・ボール　表現

★ 領域：走・跳の運動（かけっこ・リレー）

39 40mロープリレー
思考しながら走の違いに気付く

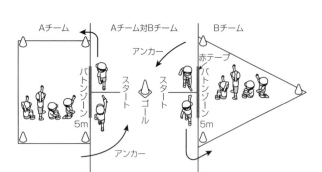

図1　Aチーム対Bチームの場づくり

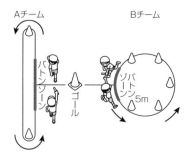

図2　直線走路と曲線走路の場づくり

教材のよさ

40mロープリレーは，従来型のトラックを使った周回リレーではなく，40mのロープで自由にコースをつくり，自分たちがつくったコースで競うリレーです。自分たちが走りやすいコースを考え，そのコースに最適な走りを考えながら取り組むことに教材的価値があるといえます。

すすめ方

1　40mロープリレーの方法

①ロープでコースを自由につくる。
②アンカーの子供が対戦相手より先に三角コーンをタッチした方が勝ち。
③6人1チームとしてバトンをつなぎ，2チームで競う（6チーム編成）。
④バトンゾーンには赤のビニルテープが5m巻いてある。

2　走りやすい最速コースを考え，コースに応じた走り方を身に付ける

児童は，作戦タイムで様々なコースをつくります。例えば，正方形，正三角形，菱形，ホームベース型などです（図1　Aチーム対Bチームの場づくり）。第1次では，明確な理由付けがないままコースをつくっていました。しかし，実際に走ってみると，鋭角なところがあると走りにくく，タイムが遅くなるということがわかったようです。

3　直線走路と曲線走路の違いに目を向け走り方を工夫する

角があると走りにくいと感じた子供は，角はなくした方がいいと考えました。そこで，「円のコースと直線のコースとではどちらが速いのか」という課題が残りました。実際に図2のようにコースをつくり，勝負したら円のチームが勝ちました。その原因は，折り返す時のオーバーランが原因だということがわかりました。

★ 領域：走・跳の運動（かけっこ・リレー）

40 周回ワープリレー
最後までわからない逆転現象のあるリレー走

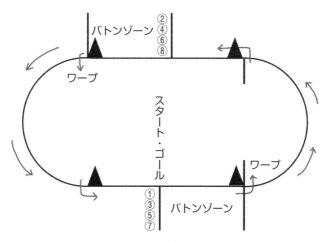

図1　周回ワープリレーのコース

教材のよさ

周回リレーは、子供にとって人気のある教材ですが、走ることに苦手意識を持っている子供もいます。競走種目は、結果が未確定であることが大切です。結果が予想されるようではやる気が出ません。最後までどこが勝つかわからないようなしかけが必要になります。

そこで、すべての子供が同じ距離を走るというのではなく、個に応じて走る距離を変えることができる周回リレーを紹介します。

すすめ方

【周回ワープリレーの方法】
○8人1チーム、4チームで競走する。運動場のトラックを半周ずつ走るため、走る順番の奇数、偶数に分かれる（図1）。
○ワープする子供は、三角コーンから曲がることができる。
○走る順番とワープする子供を3人決める。ここで、しっかりと作戦を立てさせる。
○バトンゾーンでバトンを渡す。
○アンカーは、ビブスをつける。
○チームのタイムを測定する。

リレーは、バトンパスのうまさが勝敗につながります。詳しくは、高学年で触れますが中学年でもこれぐらいできればよいでしょう。

【バトンパスの基礎・基本】
○右手でバトンを受け取る。
○受け取ったら左手に持ち替えて（バトンの下の方を持つ）次の走者に渡す。
○バトンゾーンのスタートラインから後ろを見て、ゆっくり走り出しながら受け取る。
○渡す時、渡す側は「はい！」と大きな声を出して渡す。受け取る側は、相手からもぎとるように強く握る。

だからといって、バトンパスの練習ばかりに時間を費やす必要はありません。まっすぐ前を見て、腕を前後にしっかり振れているかをチームで確認することが大切です。

領域：走・跳の運動（小型ハードル走）

41 40mコーンハードル走
コーンを3歩のリズムで走り越える

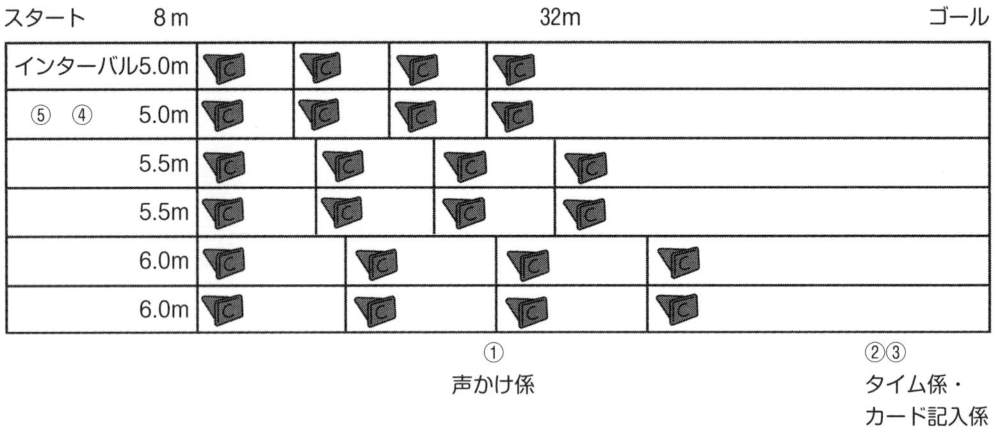

図1　コーンハードル走のコース

教材のよさ

中学年の30m〜40mの小型ハードル走では，「一定の間隔に並べられた小型ハードルを一定のリズムで走り越えること」を学習します。「跳び越える」のではなく，「走り越える」のですから，基本は，短距離走であると捉えていいでしょう。スタートから第1ハードルまで全力疾走し，自己に合ったリズムで走り越えていきます。その小型ハードルに代わるものをどこの学校にも複数ある三角コーンを用いて行います。学習のねらいは，一定のリズム（3歩のリズム）で走り越すことです。

すすめ方

○インターバルを5m，5.5m，6mとり，三角コーンを倒して置く（図1）。同じインターバルのコースを2コースずつつくる。
○スタートから第1ハードルまでを8mとして，スタートからゴールまでは40mとする。
○40m走のタイムを計測する。
○自分に合ったインターバルのところで練習する。
○トン，1，2，3の3歩のリズムで走り越える。

練習して3歩のリズムで走り越えることができるようになったらチーム対抗戦などをすると楽しく学習できます。

【チーム対抗戦】
○5人1チーム。
○係の位置に行く（①声かけ係，②タイム計測係，③学習カード記入係，④走者，⑤次走者）。
○ローテーションで係をかえる（④走者→③学習カード記入係→②タイム計測係→①声かけ係→⑤次走者→④走者）。
○（40mコーンハードル走のタイム）−（40m短距離走のタイム）の5人の合計タイムが少ないチームが勝ち。

★ 領域：走・跳の運動（幅跳び）

42 ターゲット幅跳び
片足で踏み切り，膝をやわらかく曲げて両足着地

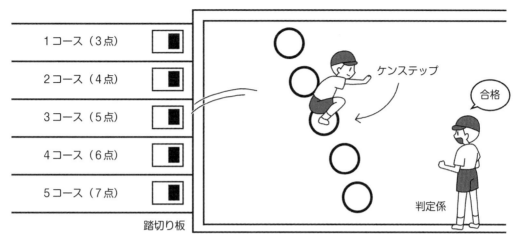

図1　ターゲット幅跳びのコース

教材のよさ

本教材は，山本貞美氏（鳴門教育大学名誉教授）が考案した「ねらい幅跳び」を著者が改変したものです。

中学年では，「5～7歩程度の助走から踏切り足を決めて前方に強く踏み切り，遠くへ跳ぶこと。膝をやわらかく曲げて，両足で着地すること。」を学習します。子供の課題として，

- ・片足で踏み切ることができない。
- ・膝をやわらかく曲げた着地ができない。
- ・両足で着地ができない。

などがあげられます。

これらの課題解決に向けて考案されたのが「ターゲット幅跳び」です。

すすめ方

【ターゲット幅跳びのルール】
○5人1チーム，合計得点で競う。
○図1のように踏切り板，ケンステップを用意する。ケンステップの位置は，全員が跳べる記録の9割ぐらいを3点の位置に置く。
○3点の位置から20cm刻みぐらいで7点まで置く（子供の実態に合わせる）。
○自分に合ったコースを選択して跳ぶ（自分の記録の8割から9割）。
○5歩～7歩程度の助走から踏切り板を利用して強く踏み切って跳ぶ。
○着地は，ケンステップの中に着地でき，尚且つ，判定係が見て，「①片足で踏み切る。②膝をやわらかく曲げる。③両足で着地する。」の3点ができていたら合格。そのコースの点数がもらえる。
○ケンステップの中に入っても，この3点ができていなかったら不合格で2点。
○ケンステップの外に出たら1点。
○学習カードにチームの点数を付けていき合計得点で競う。

この学習を行うことで，学習のねらいの3点が達成でき，よりよいフォームで跳ぶことを学習することができます。

領域：陸上運動（短距離走・リレー）

43 課題解決！短距離走
走の課題を明確にし，グループで課題解決

対象学年：低学年／中学年／高学年

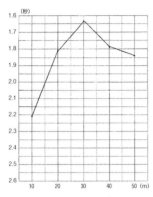
図1　A子のラップタイム

図2　足跡に赤玉を置く

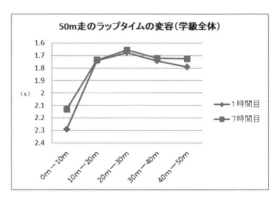
図3　トップスピードの維持

対象領域：体つくり／器械／陸上／水泳／ボール・ゲーム／表現

教材のよさ
自分の「走り」について考え，課題を明確にし，その課題を解決します。

すすめ方
50m走のスピードについて予想させました（A：だんだんスピードが上がる。B：途中でスピードが落ちる。C：途中でスピードが落ちてまた上がる）。A，B，Cそれぞれに理由をつけて発表させた後に10mごとのラップタイムを計測することにしました。計測したラップタイムを折れ線グラフに書かせると図1のように30m地点ぐらいから落ち込んでいくことがわかりました。トップスピードが維持できていないという課題からなぜそのようになるのか，足跡を測ることにしました。「50mを何歩で走っていると思いますか。」という発問に子供は，多い子で100歩，少ない子でも50歩と答えていました。実際に測ってみると意外に少ないことに驚いていました（学級平均36歩）。また，トップスピード時のストライドについても予想をたててみました。児童は，40cm～1mの間で予想していました。実際に図2のように足跡に赤玉を置いて測ってみると，自分の身長以上にあることに驚き，新しい発見があったことに満足していました（学級平均146.4cm）。さらに赤玉をゴールから見てみるとまっすぐに走っているつもりなのに蛇行していることもわかりました。特に力みなどからゴール付近で蛇行する子供が多くいました。

課題解決に向けて下記技能を確認しました。

①下を向くとぶれるのでまっすぐ前を向いて走る（目線を固定させる）。
②猫背にならないように背中をピンと伸ばして，母指球を使って走る。
③手は力を抜くために軽くパーにして，肘を直角に曲げてしっかり振る。

★ 領域：陸上運動（短距離走・リレー）

44 8秒間走
全力を出して走る喜びを

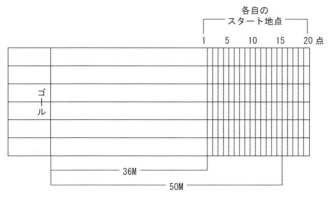

図1　8秒間走のコース

＊ゴール判定は，8秒後に「どこを通過していたか」ではなく「ゴール地点を通過していたか」を見るだけ。

表1　得点と秒数の関係

得点	秒数	得点	秒数
1	11秒1〜11秒2	11	8秒5〜8秒6
2	10秒9〜11秒0	12	8秒3〜8秒4
3	10秒6〜10秒8	13	8秒2
4	10秒3〜11秒5	14	8秒1
5	10秒0〜11秒2	15	8秒0
6	9秒7〜9秒9	16	7秒9
7	9秒4〜9秒6	17	7秒8
8	9秒1〜9秒3	18	7秒7
9	8秒9〜9秒0	19	7秒6
10	8秒7〜8秒8	20	7秒5

対象学年≫ 低学年　中学年　高学年

対象領域≫ 体つくり　器械　陸上　水泳　ゲーム・ボール　表現

教材のよさ

短距離走は，体を軽く前傾させて40m〜60mを全力で走ることを学習します。

しかし，高学年にもなると，自分は足が遅いからと本気を出してがんばろうと思わない子供も出てきます。足が速いとか遅いとかに関係なく，全員に全力で走る喜びを味わわせたいと考え，考案されたのが山本貞美氏（鳴門教育大学名誉教授）の「8秒間走」です。

すすめ方

【8秒間走のねらい】
○足が遅い子供にも走る喜びを認めさせる。
○自己の記録に挑戦させる。

【8秒間走とは】
○コース（図1）
○得点と秒数の関係（表1）
「8秒間走」は，個人差に合わせたスタートラインからスタートし，8秒後にほぼ一斉にゴールする短距離走です。

【8秒間走の方法】
○各自の50m走を測定する。
○その測定タイムから，表1に示した得点を換算させ，その得点から各自のスタート位置を決めさせる（ただし，最初は合格できるように各自の得点から2，3点減らせたものから挑戦させるとよい）。
○スタートから8秒後に笛を吹き，ゴールに達していたかどうか判定する。
○合格したら，次々にスタート位置をゴールから遠くして挑戦していく。不合格の場合は再度挑戦するか，スタート位置を近くにしてみる。

子供たちは，自分の得点を高めようと，全力疾走します。また，ほとんど同時にゴールすることになるのでみんな真剣に走るのです。8秒間走は，グループで役割分担（前方，後方，側方からの観察者，決勝判定者など）をすることで関わり合いが生まれます。

★ 領域：陸上運動（短距離走・リレー）

45 リレーバトンパス
バトンパスの知識及び技能を身に付ける

対象学年 ≫ 低学年 中学年 高学年

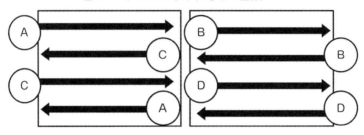

図1　バトンパス（2人の手が一直線）

図2　加速バトンパス

対象領域 ≫ 体つくり　器械　陸上　水泳　ゲーム・ボール　表現

教材のよさ

リレーは，運動会の種目にもあるように子供にとって人気がある運動種目です。高学年では，ただバトンをつなぐのではなく，低学年の子供があこがれるようなバトンパスができるようになりたいものです。

すすめ方

（バトンパスのポイント）
○バトンは右手でもらい，左手で渡す。
○バトンを渡す人は，受け取る人が走り出しても追い抜けるくらいの距離にきたら「GO！」と声を出す。
○渡す時は，「はい！」と声を出して渡す。
○右手でもらったバトンを左手にそのまま持ち替える。
○受け取る姿勢は，進行方向を向き，右手を後ろに出し手の平を上に向ける。
○2人の手が一直線になるように渡す（受け取る人と渡す人が離れていた方が有利）（図1）。
○渡す人は，バトンを相手の手に押し込むようにして渡す。
○受け取る人は，相手からもぎとるように受け取る。

【周回バトンパス（4人1チーム）】
○チームごとに1列に並ぶ。
○トラックを周回する。慣れるまでは歩いて行う。慣れてきたらジョギングで行う。
○一番後ろの人からバトンを渡していく。
○先頭までいったらバトンを落とし，最後尾の人が拾って繰り返し行う。

【加速バトンパス（4人1チーム）】（図2）
○Aは，Bを追い越すつもりで走り，Aが「GO！」の合図を出し，Bは，全力で走り出す。
○Aは「はい！」といってバトンを渡し，Bは右手で受け取る。
○反対方向を向きBがCに渡す。
○次にCがDに渡す。
○最後にDがAに渡す。これを繰り返す。

★ 領域：陸上運動（ハードル走）

46 わかってできる！ ハードル走①
ハードリングの知識及び技能を身に付ける

図1　遠くから踏み切る

図2　振り上げ足と空中バランス

教材のよさ

ハードル走は，「一定のリズムで走るためのリズム感覚，片足で踏み切る跳感覚，さらに空間に体を投げ出して片足で着地するバランス感覚」などを養うことができる教材です。全力で走りながら安定したリズムで走ることが求められます。リズムよくハードリングができるためには，「①ハードル間の3歩のリズム。②低く跳び越すハードリング。」をねらって指導するといいでしょう。そのポイントを紹介します。

すすめ方

ハードル走に慣れていない子供が跳ぶと次の傾向が見られます。
○足が開いていないため，ピョンと高く跳んでいる。
○ハードルの近くで踏み切るため，高く跳んでしまう。
○振り上げ足の膝が曲がるため低いハードリングができない。
○空中でのバランスが崩れている。

【ハードル走のポイント】

①ハードルを低い姿勢で跳び越すために，足を前後に大きく広げて跳び越す。
②遠くから踏み切り近くに着地する。空中にいる時間が長いとスピードが落ちてしまうため，早い着地を心がける（6：4ぐらいが目安）（図1）。
③振り上げ足の膝を伸ばす。振り上げ足は，正面から見たとき，足の裏が見えるようにまっすぐ振り上げる（図2）。
④ハードルを越えるときのバランスをとるために，踏み切ったときに振り上げ足と反対の手を前に出す（図2）。

第1ハードルまでを全力で走ることが大切です。ここまでで，スピードにのっていないと第2ハードル，第3ハードルをスピードにのってリズムよく跳び越すことができません。

領域：陸上運動（ハードル走）

47 わかってできる！ ハードル走②
ハードリングの知識及び技能を身に付ける

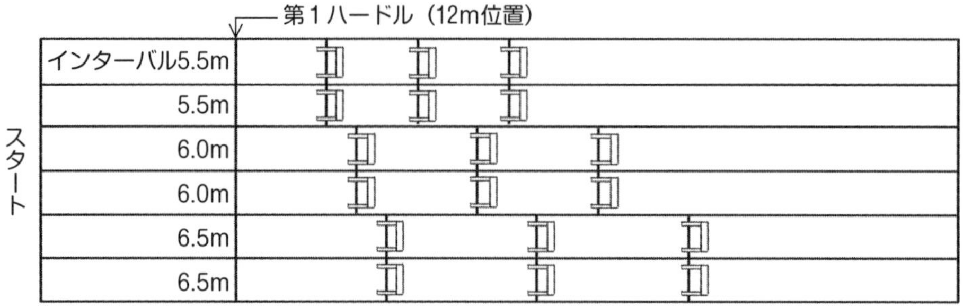

対象学年：低学年／中学年／高学年

```
スタート ─→   第1ハードル（12m位置）
  インターバル5.5m
           5.5m
           6.0m
           6.0m
           6.5m
           6.5m
```

図1　ハードルを倒した場で

図2　振り上げ足はまっすぐに

図3　膝・足首は直角に

次にハードル走の練習を紹介します。

すすめ方

【3歩のリズム】

ハードルの高さがあるとなかなかリズムよく跳び越すことができません。そこで、ハードルを寝かせた状態でリズムよく走り抜ける練習をします。倒れたハードル間を3歩のリズム（トン（着地），1，2，3）で走る練習をします。第1ハードルまで12m，インターバルは，5.5m，6.0m，6.5mくらいにしておきます（図1）。

【ウォーキングハードル（振り上げ足）】

次は，歩きながらハードルの横で振り上げ足だけの練習をします。
○ハードルの上を越えるときは，できるだけ膝をまっすぐ伸ばして越える（図2）。
○足を伸ばすときは，かかとでハードルを押し出すように伸ばす。
○着地した足がまっすぐに進行方向に向かっているかを確認する。
　足がまっすぐに伸びていないと着地した足が外側を向くなどして2歩目からのリズムが乱れます。2人組で判定しましょう。
○振り上げ足をまっすぐ上げ，足の裏が見えているか。
○着地した足がまっすぐに前を向いているか。
○振り上げ足と反対の手を前に出しバランスをとっているか。

【ウォーキングハードル（抜き足）】

続いて，同じように抜き足だけの練習をします。横からハードルを越えて練習します。
○床を蹴った足を横に回して越える。
○自分の腰の高さを基本に，膝・足首を直角に曲げる（図3）。
○膝よりかかとが前に出ないように引き出す。
　これらについてもペアで見合いながら判定を入れて確認しましょう。

領域：陸上運動（走り幅跳び）

48 フォーカス走り幅跳び
助走・踏み切り・着地の動きにフォーカスする

対象学年≫ 低学年 中学年 高学年

図1　空中フォームから着地

図2　足の裏が見えるように

教材のよさ

走り幅跳びは，「助走－踏み切り－空中動作－着地」から成り立っている陸上運動です。立ち幅跳びと違って，助走から踏み切りを合わせて跳ぶことが難しい運動になります。

ここでは，「助走，踏み切り，着地」についてのポイントを紹介します。

すすめ方

【目標値の設定】

まず，目標値を設定することが大切になります。一般的に次の計算式が使われます。

> 走り幅跳びの目標値＝（立ち幅跳びの記録×1.5）－（50m走の記録×25）+280

【助　走】

走り幅跳びは，助走が重要になりますが，全力疾走ではありません。少しずつスピードを上げていき，トップスピードの9割ぐらいで力まないようにリラックスして助走します。目線をまっすぐ前に向けて下を向かないように意識しましょう。助走距離は，15m～20mくらいが目安になります。まずは，「7歩助走」でリズムをつかむようにしましょう。

【踏み切り】

踏み切り時，体の後傾を意識しすぎると，ブレーキをかけてしまうことがあります。そこで，助走の後半から体を立てることを意識します。踏み切る時は，かかとから入り，つま先から離れます。踏み切り足と反対の振り上げる足をすばやく引き上げます。まずは，踏み切り板を利用してかかとから入るイメージをつかみましょう。

【空中動作から着地】

上体を起こして手を上から下へ振り下ろします。「く」の字から「ん」の字になるように両足を伸ばします（図1）。空中では，足を突き出した状態になります。前から見て足の裏が見えるようになります（図2）。

対象領域≫ 体つくり 器械 陸上 水泳 ゲーム・ボール 表現

領域：陸上運動（走り高跳び）

49 フォーカス走り高跳び
助走・踏み切り・着地の動きにフォーカスする

図1　頭からつま先までの軸

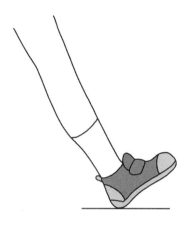

図2　かかとから踏み込む

教材のよさ

走り高跳びも走り幅跳びと同様に「助走－踏み切り－空中動作－着地」から成り立っている陸上運動です。

ここでは，「助走，踏み切り，着地」についてのポイントを紹介します。

すすめ方

【目標値の設定】

まず，目標値を設定することが大切になります。

> 走り高跳びの目標値＝身長÷2－50m走の記録×10＋110

例えば，身長140cm，50m走のタイム8.5秒でしたら，140÷2－8.5×10＋110＝95で95cmになります。

【助　走】

助走は，バーに向かって45度の角度で，まっすぐに入ります。歩数は，5歩または7歩がいいでしょう。「1，2，1，2，3」，「1，2，3，4，1，2，3」のリズムで最後の「1，2，3」はリズムを速くします。

【踏み切り】

踏み切りは，頭から足先まで一本の軸をつくるようなイメージです（図1）。膝を伸ばして強く踏み切ります。軸をつくることで，地面からの反発を受けていい踏み切りができます。最後の一歩はかかとから踏み込みます（図2）。踏み切り位置は，バーから60cm～1mぐらいが目安です。踏み切りが弱く体が浮く感じがつかめない時は，踏み切り版を使って練習します。角度があるので後傾姿勢がとれて体が浮く感じになります。

【空中動作から着地】

空中では，振り上げた足は，バーを越えますが，踏み切り足がバーに引っ掛かりやすいです。そこで，体を少しひねることで足が抜けるようになります。着地は，必ず安全に足から着地します。

★ 領域：水遊び（水の中を移動する運動遊び）

50 水中鬼ごっこ
水の抵抗や浮力に負けないように走る

図1　ジャンケン鬼ごっこ

図2　手つなぎ鬼ごっこ

教材のよさ

　低学年の水遊び「水の中を移動する運動遊び」は，水につかって歩いたり，走ったりして楽しさに触れることができる運動遊びです。水の中を歩いたり，走ったりして十分に水に慣れることが大切です。水慣れを通して水への不安感を取り除き，水の心地よさを味わいます。

　ここでは，水の中を移動する運動遊びの1つとして鬼遊びを紹介します。

すすめ方

【ジャンケン鬼ごっこ】
○2人組になる。
○向かい合ったプールサイドからお互いがスタートする。
○プールの中央付近まで歩いて移動する。
○出会ったらその場でジャンケンをする。
○勝ったら追いかけ，負けたらプールサイドまで逃げる（図1）。
○勝った人（鬼）は，プールサイドに着くまでにタッチしたら勝ち。負けた人はプールサイドまで逃げ切ったら勝ち。
○逃げる人は，捕まらないように鬼に水をかけてよい。
　顔に水がかかっても拭かないように努力しましょう。

【手つなぎ鬼ごっこ】
○4人1グループ。
○4対4で行う。
○鬼チームと子チームに分かれる。
○鬼チームは，手をつないで追いかける。
○手のつなぎ方は，4人でつないでもいいし，2人でもいい（1人にならないように）。
○手をつなぎながら追い込んでいく（図2）。
○1分間で鬼と子を交代する。
　チームで作戦を考えながら工夫させるとよいでしょう。

★ 領域：水遊び（水の中を移動する運動遊び）

51 水遊びリレー
水の中で歩いたり走ったりしてリレー遊びをする

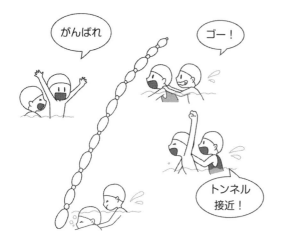

図1　電車リレー

図2　ボール運びリレー

教材のよさ

次の「水の中を移動する運動遊び」は，水遊びリレーです。水遊びリレーは，リレーをすることで，楽しみながら水の抵抗や浮力に負けないように歩いたり，走ったりする運動です。

まず，「電車リレー」は，2人組でリレーをします。仲間と足並みをそろえて行うリレー遊びです。

次に「ボール運びリレー」は，手を使わずに頭でボールを押して運びます。必然的に顔を水につけなければならなくなります。

すすめ方

【電車リレー】

○8人1グループになる。4人ずつプールサイドに分かれる。
○2人組をつくり，後ろの人は，前の人の肩に手を置いて電車をつくる。
○「よーい！ドン！」で一斉にスタートする。
○途中にコースロープが3カ所ある。それを，トンネルとして，前の人は，トンネルが近づいたら「トンネル接近」といって肩まで沈む。そして，2人一緒に「ゴー！」といってもぐりトンネルを通過する（図1）。
○反対側のプールサイドで待っている2人組にタッチ。2往復で1番はやくゴールしたグループの勝ち。

3人，4人と電車を長くしてもいいでしょう。トンネルなど難関があるところが楽しいリレー遊びです。

【ボール運びリレー】

○4人1グループ。2人ずつプールサイドに分かれる。
○ボール（ドッジボールなど）を前に置き，頭でボールを押して運ぶ。必然的に顔を水につけるようになる（図2）。
○「よーい！ドン！」で一斉にスタートする。
○反対側のプールサイドで待っている人にタッチ。2往復で1番はやくゴールしたグループの勝ち。

領域：水遊び（もぐる・浮く運動遊び）

52 もぐりっこ遊び
浮力に負けないようにペアやグループでもぐる遊びをする

図1　水中シーソー

図2　輪もぐりっこ

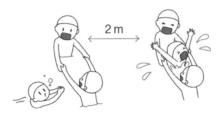

図3　トンネルもぐりっこ

教材のよさ

低学年の水遊び「もぐる・浮く運動遊び」は，息を止めたり吐いたりしながら，いろいろな姿勢でもぐったり浮いたりする運動遊びです。ここでは，もぐる運動遊びを紹介します。

まず，「水中シーソー」は，ペアで楽しくできるもぐり遊びです。

次に，「輪もぐりっこ」，「トンネルもぐりっこ」は，グループで楽しみます。水中で息を止め，顔を上げて呼吸するリズムが身に付きます。

すすめ方

【水中シーソー】
○2人組になる。
○向かい合って両手をつなぐ。
○1人が息を止めてもぐり，もう1人が「1，2，3」と声を出す（図1）。
○もぐっている人は「3」で顔を上げる。
○交代して行う。
○10回連続で行う。

【輪もぐりっこ】
○4人で1グループ。
○3人で手をつなぎ，輪をつくる。
○1人がもぐって下から輪をくぐり，輪の中で立つ（図2）。次に輪の中からもぐって輪の外に出る。
○輪の上からイルカのようにジャンプして中に入り，外に出る。

【トンネルもぐりっこ】
○4人グループで，2人が向かい合って手をつなぎトンネルをつくる。
○次のグループ4人が交代でリズムよく，両手の間をもぐってトンネルを抜け，顔を出すことを繰り返す。
○2人組の間隔は2m。
○もぐって，浮いて，息継ぎを繰り返す（図3）。

領域：水遊び（もぐる・浮く運動遊び）

53 浮き浮き水遊び
水の中で力を抜いて浮く感覚を身に付ける

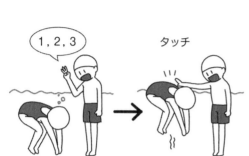

図1　くらげ浮き浮き

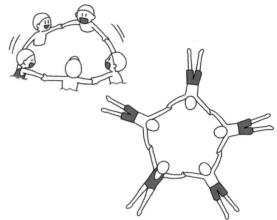

図2　シンクロ浮き浮き

教材のよさ

浮くためには全身の力を抜く必要があります。全身の力を抜いて，様々な浮き方ができることが大切です。

まず「くらげ浮き浮き」では，ペアで浮く様子を観察し合います。次に「シンクロ浮き浮き」では，グループで手をつないで円になり，息を合わせて浮く運動です。

すすめ方

【くらげ浮き浮き】
○2人組になる。
○1人が肩まで水につかり，肩の力を抜いてもぐる。
○もう1人が「1，2，3」といい，その間くらげ浮きをする。
○くらげ浮きは，両手，両足の力を抜いて体を水にまかせる。
○背中が見えてきて，浮き上がってきたら背中を軽くタッチする（図1）。

脱力ができると体が浮いてくることをペアで確認します。あごを引くことがポイントです。背中をタッチしたら「大の字浮き」をしたり「だるま浮き」をしたりして変化をつけると楽しくできます。連続技に挑戦しましょう。

【シンクロ浮き浮き】
○5人1グループ。
○内側を向いて手をつなぎ大きな円をつくる。
○手をつないで肩までつかり，顔だけ出す。
○「さん，はい！」で一斉に大の字浮きになる（3秒間心の中で1，2，3と数える）（図2）。
○あごを引いて脱力する。
○次は，大の字浮きから行う。
○そして，手を離してだるま浮きになったり，背浮き（らっこ浮き）になったりと変化をつけてシンクロさせる。

他のグループと見合いながらアドバイスをもらいましょう。

⭐ 領域：水遊び（もぐる・浮く運動遊び）

54 バブリング・ボビング
バブリング・ボビングを身に付ける

図1　バブリングで伝言ゲーム
図2　ボビング
図3　ボビングリレー

教材のよさ

　水中で息を吐くことは、慣れない子供にとっては難しいことです。ですから無理なく行うことが大切です。バブリングとは、水中で鼻と口から息を吐く練習のことです。吐いた息がブクブクと音をさせて泡のように浮かぶ様子からその名がついたといわれています。ボビングは、立った状態から膝を曲げて水中にもぐり、鼻から息を出す、そしてジャンプして顔を水上に出し、口から息を吐くやいなや一気に吸います。顔を水中と水上に出し入れする運動です。

すすめ方

【バブリング】
○（ステップ１　口から）口まで水につかり、口だけで息（泡）を吐く。
○（ステップ２　鼻から）鼻まで水につかり、鼻だけで息（泡）を吐く。
○（ステップ３　口と鼻から）頭まで水につかり、口と鼻から息（泡）を吐く。
○（伝言ゲーム）水中で言葉を聞き分けて伝言ゲームで仲間につないでいく（図１）。

【ボビング】
○水中にもぐり、鼻からブクブクと息を出す。
○顔を水上に出したときに、口から「パッ！」と残りの息を一気に出し、且つ一気に息を吸う（図２）。
○ジャンプして顔を水中と水上に出し入れする。
○この動作を繰り返す。

【ボビングリレー】
○４人１グループ。２人ずつプールサイドに分かれる。
○「よーい！ドン！」で一斉にスタートする。
○反対側のプールサイドで待っている人のところまでボビングしながら走る。プールサイドまでに５回ボビングする（図３）。

★ 領域：水遊び（水の中を移動する運動遊び，もぐる・浮く運動遊び）

55 水中ゲーム
ゲームを通して，移動・もぐる・浮くことを身に付ける

対象学年：低学年／中学年／高学年

図1　水中列車

図2　水中バスケット

対象領域：体つくり／器械／陸上／水泳／ゲーム・ボール／表現

教材のよさ

低学年は，水遊びを通して水に十分に慣れることが大切です。低学年で身に付けたいことは，「いろいろな姿勢で歩いたり，自由に方向や速さを変えて走ったりすること」，「息を止めたり吐いたりしながら，いろいろな姿勢でもぐったり浮いたりすること」です。ここで紹介するゲームは，水中での「移動，もぐる，浮くこと」をゲームを通して楽しみながら十分に味わわせることができる運動です。

すすめ方

【水中列車】
○4人組になる。前の人の肩に手を置き，列車をつくる（図1）。
○出会ったチームとジャンケンをする。
○負けたら3秒間もぐる。勝ったチームは，「1，2，3」とカウントする。
○これを繰り返しながら移動する。

【水中バスケット】
○5人組になる。
○手をつなぎ円になる。
○ジャンケンで勝った人が親になる。
○親は，誰かの名前を呼ぶ。
○呼ばれた人は，水中にもぐる（図2）。まわりの人は，「1，2，3」とカウントする。
○次に，もぐった子が誰かの名前を呼ぶ。また，呼ばれた子は水中にもぐる（まわりの人は「1，2，3」とカウントする）。
○この調子で繰り返していく。

慣れてきたら，フルーツバスケットのように○月生まれの人とか男の子などといいます。この時，複数の子がもぐったら，長くもぐった子が次の親になって指示します。

笛を吹いたら「もぐる」のではなく「浮く」というルールも変化があっておもしろいです。ダルマ浮き，大の字浮き，クラゲ浮きなどいろいろな浮き方をしましょう。

領域：水泳運動（浮いて進む運動）

56 け伸び
ストリームラインを身に付ける

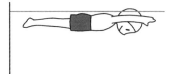

図1　両足で壁を蹴る

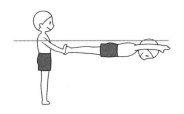

図2　2人組で押し合いながら進む

教材のよさ

泳ぐときに大切な水の抵抗が少ないまっすぐな水中姿勢をストリームラインといいます。け伸びは，ストリームラインを身に付ける学習です。両手両足をまっすぐに伸ばしたときの姿勢で，両手先から両足先まで一直線にそろっている状態が理想的です。

け伸びの学習で，水の抵抗の少ない姿勢を覚えて泳ぎの基礎を身に付けることが大切になります。

すすめ方

【け伸びのポイント】

（ポイント1　水の抵抗がない姿勢）

まずは，立った状態で，左右親指同士を組みロケットの形にして背伸びをします（水の抵抗が少ないように）。その際，腕が耳の後ろにつくようにします。

（ポイント2　両足をそろえて壁を蹴る）

息を吸って水中にもぐります。前に進むためには，壁を蹴って進みます。慣れるまでは片足は床に，もう一方の足は壁につけて立ちましょう。慣れるまでは，片足だけで蹴ります。これができたら，もぐると同時に壁についている足にもう一方の足をそろえて両足で壁を蹴ります（図1）。

（ポイント3　ストリームラインを保つ）

壁を蹴って進もうとしても，慣れないと水面を進んでしまいます。これでは，水の抵抗が大きくなかなか進みません。水の抵抗が少ないのは，水中です。水中を進み，自然と水面に浮いてきても，あごを引いて背筋を伸ばしたストリームラインを保っておけばしばらく前に進みます。

（その他　2人組で押し合いながら進む）

2人組で，1人が伏し浮きの姿勢で，もう1人が後ろから足の裏を押してあげると前に進みます（図2）。何回でプールサイドからプールサイドまでいくか挑戦してみましょう。

★ 領域：水泳運動（浮いて進む運動）

57 面かぶりクロール
伏し浮きからの初歩的な泳ぎを身に付ける

図1　膝が曲がりすぎる

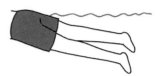

図2　膝が棒のように伸ばしすぎ

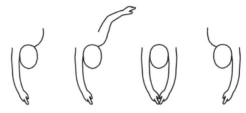

（右手は前に伸ばし，左手をかく→かいた左手を右手にそろえる→左手を伸ばし，右手をかく）
図3　キャッチアップクロール

教材のよさ

学習指導要領の解説では，初歩的な泳ぎの例示として，「水面に顔を付け，手や足をゆっくりと動かして進むなど，呼吸を伴わない初歩的な泳ぎをすること」と示されています。ここでは，クロールの初歩であるバタ足と腕のかきについて，呼吸を伴わない「面かぶりクロール」を紹介します。

すすめ方

【やわらかいバタ足】

クロールのキックでは，「足をまっすぐに！」と強調される指導があります。しかし，そのようにいわれた子供は，膝に力を入れて足を棒のようにしてキックを打とうとして進まないということがあります。キックでうまくいかないのは，次の2つのタイプです。

○膝の曲げすぎ（図1）

膝が曲がると水しぶきが大きく立ち，キックに無駄があり，前には進みません。

○膝の伸ばしすぎ（図2）

膝を伸ばしすぎると，足の動きが硬くなり，その力がうまく水に伝わりません。

膝を伸ばしすぎても曲げすぎてもキックの効率は悪くなります。関節をやわらかく使って，キックが打てるようになることが大切です。

【キャッチアップクロール】

子供の中には，「腕をどんどん回さなくちゃ」と思う子もいます。きちんとした腕のかきをマスターするために，かいた手を毎回前で合わせる「キャッチアップクロール（図3）」の練習をします。

・片方の腕を前に伸ばしたまま，もう片方の腕で水をかき前方で手をそろえる。
・かき終えた手は，スッと抜いて上げる。
・手の形は，指は自然に伸ばして，指と指の間に少しすき間が空いているくらいがよい。

領域：水泳運動（浮いて進む運動）

58 手タッチクロール
伏し浮きからの初歩的な泳ぎを身に付ける

図1　両手タッチバタ足

図2　片手タッチクロール

教材のよさ

学習指導要領の解説では、初歩的な泳ぎの例示として、「ばた足泳ぎやかえる足泳ぎなど、頭の上方に腕を伸ばした姿勢で、手や足をバランスよく動かし、呼吸をしながら進むこと」と示されています。ここでは、クロールの初歩であるバタ足と呼吸について、手タッチクロールを紹介します。

すすめ方

【両手タッチバタ足】

前述の面かぶりクロールでやわらかいバタ足について説明しました。ここでも足首の力を抜いたバタ足の練習をします。

2人組になり、1人は、伏し浮きから手を前にまっすぐ伸ばして、バタ足で進みます。その際、伸ばした手をもう1人の手の上にのせながら進みます（図1）。

次に呼吸の練習です。呼吸は、クロールの手のかきでぐるっと回しながら、顔を横に上げて呼吸をします。右手は伸ばしたまま、左手を回して顔を右腕にのせて、左（初めは左後方）を見ながら呼吸します。水の中で息を吐くことができない人は、水中では息を止め、顔を上げてから吐いて吸う「パッ、ハァ、ン」の口呼吸をしましょう。

【片手タッチクロール】

次も2人組で行います。「両手タッチバタ足」と同じように、支える人は、両手を前に差し出します。泳ぐ人は、手を相手の手の上にのせてクロールをします。ここでもかいた手を毎回前で合わせる片手タッチクロールをします（図2）。片手は、常に相手の手の上にある状態です。呼吸のときも片手が沈むことがないので楽にできます。その際、顔が前を向かないように、腕にのせるように横を向きます。

2人組で行うので、教え合いながら学習を進めることができます。

領域：水泳運動（浮いて進む運動）

59 ちょうちょう背泳ぎ
背浮きから泳ぎを身に付ける

対象学年：低学年／中学年／高学年

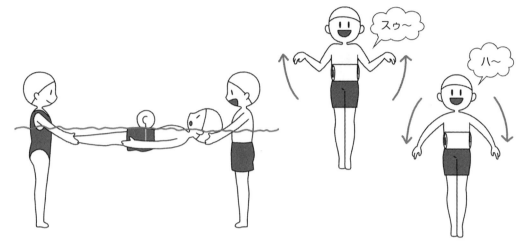

図1　3人組で背浮き　　　図2　ちょうちょう背泳ぎ

教材のよさ

　クロール，平泳ぎなどにつなげるために伏し浮きの練習を低学年から行っています。しかし，泳法には，背浮きからスタートする背泳ぎがあります。学習指導要領の解説では，中学年の内容に「補助具を用いて仰向けの姿勢で浮き，呼吸をしながら手や足を動かして進む初歩的な泳ぎをすること」と書かれています。ここでは，「ちょうちょう背泳ぎ」を紹介します。「ちょうちょう背泳ぎ」は，背浮きの状態で手を動かしてバランスをとり，呼吸をしながら進む背泳ぎです。この泳ぎをマスターすれば呼吸をしながら楽に泳ぐことができるようになります。

すすめ方

（背浮き）

　3人組になります（背浮きをする順番を決める）。1番の人から補助具をつけて背浮きをします。2番の人は頭を持ち，3番の人は足を持ちます（図1）。頭の持ち方は，1番の人の耳が水中にすっぽり入るようにします。1番の人はおへそが水面に出るようにします。
（頭の支持をはずした背浮き）

　楽に呼吸ができるようになったら頭の支持をはずします。この姿勢で2分間リラックスできるようにしましょう。
（背浮きのまま進む）

　背浮きの姿勢で補助者に頭を運んでもらったり，足を押してもらったりして進みます。
（ちょうちょう背泳ぎ）

　図2のように手を上げる時にゆっくりと息を吸い，手を下ろすときにゆっくり息を吐くようにします。呼吸のリズムを手でつくるようにするのです。ヘルパーを付けていれば沈まないので手だけでいいですが，ヘルパーがとれるようになったら，足をつけて沈まないようにバランスをとるようにしましょう。

対象領域：体つくり／器械／陸上／水泳／ゲーム・ボール／表現

★ 領域：水泳運動（浮いて進む運動）

60 ビート板平泳ぎ
足の裏で水を押す泳ぎを身に付ける

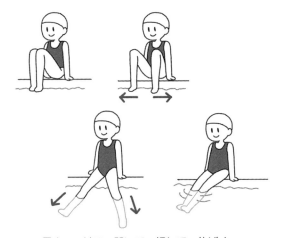

図1　つけて・開いて・押して・伸ばす

図2　ビート板平泳ぎ

教材のよさ

平泳ぎのキックだけで進む「ビート板平泳ぎ」です。ビート板をお腹に抱えて泳ぎます。高学年になってから平泳ぎをすると時間が足りずに成果が上がらないことがあります。ですから，中学年のうちにクロールにつながる泳ぎだけでなく，様々な泳ぎの初歩的な動作を学習しておくといいでしょう。

平泳ぎの正しいキックは，足の裏で水を押し出すようにして体を進めます。つま先で水を切ったり，足の甲で水を押したりするような「あおり足」にならないようにします。

すすめ方

【キックのポイント】
（ポイント 「つけて・開いて・押して・伸ばす」のリズム）（図1）

まずは，プールサイドに腰掛けて練習します。次に，プールの壁を使って，練習しましょう（腕を上下にして壁につかまります）。

○つける…足を閉じ，足首をお尻に引きつける。

○開く…次に足首だけを開く。

○押す…そのまま足の裏で水を押す。

○伸ばす…最後に足首をまっすぐ伸ばす。

特にポイントは，「開く」です。つま先をグッと持ち上げるとスネの筋肉が使われているのがわかります。その形をキープして水を押すと進みます。

【ビート板平泳ぎ】

壁での練習ができるようになったら，ビート板を持って練習します。手を伸ばしてビート板を持つと足が沈むこともあるので，まずは，お腹に抱えてやります（図2）。へその辺りに抱えるとバランスがとれ浮きやすいのでキックの練習ができます。蹴った後は，足を伸ばして伸びましょう。その後，呼吸をしましょう。ペア学習であおり足になっていないかを確認し合うといいでしょう。

領域：水泳運動（クロール）

61 クロール
クロールの泳ぎを身に付ける

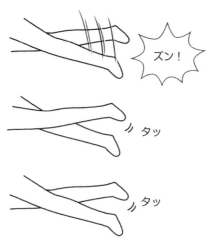

図1　6ビートのバタ足

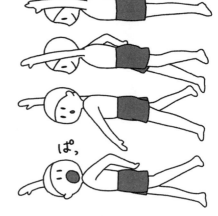

図2　息継ぎのタイミング

教材のよさ

クロールについて学習指導要領の解説では，「手を左右交互に前方に伸ばして水に入れ，水を大きくかくこと。柔らかく足を交互に曲げたり伸ばしたりして，リズミカルなばた足をすること。肩のローリングを用い，体を左右に傾けながら顔を横に上げて呼吸をすること。」と書かれています。そのクロールの「バタ足，手のかき，呼吸」のポイントについて述べます。

すすめ方

【バタ足　6ビートのリズムで】

まずは，キックをマスターしましょう。キックができるようになれば体を動かすことができるようになります。バタ足は，一生懸命打ちすぎても効果はありません。「ズン，タッ，タッ，ズン，タッ，タッ」の6ビートのリズムで打ちましょう。最初の「ズン」でアクセントをつけ，次の2回は，「タッ，タッ」と軽く打ちます。このキックをマスターすることで，無駄な力を使わず効率よく進めます（図1）。また，膝を曲げすぎても，伸ばしすぎても前には進みません。6ビートでやわらかいキックを心がけましょう。

【手のかき】

キャッチアップクロール（p.66参照）ができるようになったら，少しずつずらしていきましょう。

・できるだけ遠くに入水する。
・かき終えた右手を前に戻して伸ばしきる前に，伸ばしていた左手の指先に体重をのせながらかき始める。
・肘を残すかきを心がける。

【息継ぎのタイミング】

息継ぎのタイミングは，「かいている手が顔の下を通過し，顔の横を伸びている腕に顔をのせた時」です（図2）。目線は，はじめは後ろの上を見るようにし，慣れてきたら横を見ます。

★ 領域：水泳運動（平泳ぎ）

62 平泳ぎ
キック，伸び，手のかき，呼吸を身に付ける

図1　十分に伸びた後に呼吸

図2　足は開きすぎない

教材のよさ

平泳ぎは，水から前方にしっかりと顔を上げて呼吸ができるため，泳ぎやすいと感じる子供もいます。ここでは，平泳ぎのキック，手のかき，呼吸のタイミングについて説明します。

すすめ方

【平泳ぎのキックと呼吸】

前述の「ビート板平泳ぎ」で，「つけて・開いて・押して・伸ばす」リズムの繰り返しの大切さを述べました。特につま先をグッと持ち上げるとキックの姿勢になります。ビート板を利用して，キックと呼吸のタイミングをつかみましょう。ビート板の先端を持ち，スタートします。蹴った足がまっすぐに伸びきってから呼吸するのがポイントです。

【平泳ぎの手のかきと呼吸】

次には，手のかきです。「キック→伸び→かき→呼吸→顔をつけて→キック」のリズムで進みます。まずは，キックして，十分に伸びた後，水をおさえるようにして顔を上げるようにしましょう（図1）。これができるようになってきたら，手を左右に動かすのではなく，体の方にかいて水を後ろに送り出します。子供の中には，平泳ぎのイメージを大きな円を描くように手をかくと思っている子もいます。そうではなく体の前で小さめにかくのがポイントです。体の後ろまで肘を下げてしまうと次の伸びの動作ができなくなります。

水をかいた後，脇をしめながら手が胸の前にきたタイミングで顔を上げて呼吸します。そして，すぐにかいた腕は，前に伸ばします。

○足はあまり大きく開かず膝の間はこぶし2こ分（図2）。
○キックを打つのは，腕を前に伸ばしてから。
○かきは，小さめに体の前でかく。

領域：水泳運動（その他の泳法）

63 背泳ぎ
背泳ぎを身に付ける

対象学年：低学年／中学年／**高学年**

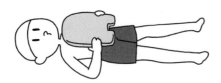

図1　ビート板背浮き

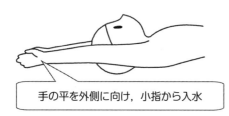

手の平を外側に向け，小指から入水

図3　入水時の腕

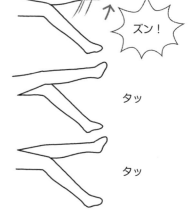

図2　ズン，タッ，タッのキック

教材のよさ

4泳法の1つである背泳ぎをマスターしましょう。背泳ぎは，唯一上を向いて泳ぎます。いつでも呼吸ができることから浮く感覚さえつかめば，楽に泳ぐことができます。

すすめ方

【ステップ1　リラックスした背浮き】
○大きく息を吸ってからしっかり止め，ゆっくり水の上に乗るようにする。
○ビート板を抱えて浮いてみる。膝を曲げれば腰を上げやすくなり，浮きやすくなる。
○ビート板を抱えて楽に浮けたら，両側を持つようにする。足が自然に浮くようになったら軽く動かしてみる（図1）。

【ステップ2　壁をキックしてバタ足】
○友だちに首の後ろを支えてもらって，スーッと引っ張ってもらい，軽くキックして進む感覚をつかむ。
○次に仰向けで浮いて，壁を蹴って進む。蹴った勢いでキックして進む。

【ステップ3　やわらかいキック】
○両足の親指がギリギリ触れない程度の間隔でキックする。
○蹴り上げのリズムで「ズン，タッ，タッ，ズン，タッ，タッ」でキックする。最初の「ズン」はやや大きめに，次の「タッ，タッ」は，軽く小さめに2回打つ（図2）。
このキックだけで進めるようになることが大切です。はじめはキックが9割，かきは1割程度と考えていいでしょう。

【ステップ4　手のかきと呼吸】
○入水する位置は，肩のラインの延長上。手の平を外に向け小指から入水する（図3）。
○かくときは，指先を常に横の壁に向ける。
○手の平を進行方向と逆に向けて大きく水を捉えて送り出す。
○太もものあたりまでかき終えたら，手首の力を抜いて水から上げる。

★ 領域：水泳運動（その他の泳法）

64 バタフライ
バタフライを身に付ける

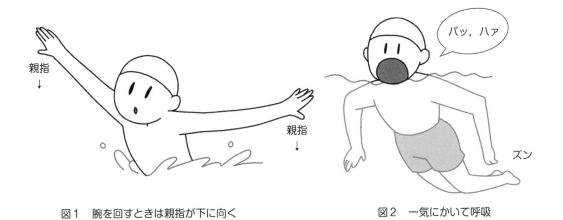

図1　腕を回すときは親指が下に向く　　　図2　一気にかいて呼吸

教材のよさ
バタフライは，子供にとって「かっこいい，泳げるようになりたい」とあこがれる泳法です。「リズムとタイミング」が重要になります。

すすめ方

【ステップ1　「イチ，ニー」のキック】
○腕を伸ばしてビート板の先の方を持ち，顔を上げたまま，両足をそろえて膝から先で打つ。
○「イチ，ニー」のリズムでゆっくりとキックする。「イチ」で軽く「トン」とキックし，「ニー」で少し大きく「トーン」と打つ。
○膝を曲げすぎず，伸ばしすぎないようにする。

【ステップ2　「ニー」のキックで呼吸】
○腕を伸ばしてビート板の先の方を持ち，顔を水につけてキックする。
○「イチ」で顔をつけたまま軽く打ち，「ニー」で少し大きく打ち，顔を上げ「パッ，ハァ」と呼吸する。
○呼吸したら再び顔をつけ「イチ」のキックを打つ。

【ステップ3　水中で立った姿勢から】
○スムーズにかきのタイミングを覚えるために，まずはプールの中に立ったままの状態で練習する。
○「イチ」，「ニー」のリズムで，「イチ」で腕を前に伸ばしたままにして，「ニー」のタイミングで腕をグルッと回す。
○腕をグルッと回すときは，親指を下に向けることで肩を痛めることがない（図1）。

【ステップ4　手のかきと呼吸】
最後はビート板なしで練習します。
○「イチ」は，腕を伸ばしたままキックする。
○「ニー」のキックを強めに打ち，その推進力を使って一気にかいて，顔を上げる（図2）。
○腕を戻しながら呼吸して再び入水する。

領域：水泳運動（クロール　ターン）

65 ターン　初級編
タッチターンを身に付ける

図1　壁にタッチ

図2　体をひねる

図3　壁に足をつける

図4　反転する

図5　両足で壁を蹴る

教材のよさ

　25m以上泳ぐためには，25mを泳ぎ切ったところで，一度立って呼吸を整えてから再スタートする必要があります。

　これでもいいのですが，ターンを覚えるときれいに見え，タイムも短縮することができ，かっこよく泳ぎ続けることができます。

　そこで，初歩的なターンである「タッチターン」を練習しましょう。タッチターンを身に付けることで，一度も立つことなく泳ぎ続けることができるようになります。

すすめ方

【タッチターンの方法】
①泳いできた勢いのままスーッと片腕を伸ばし，手の平を壁につきます（図1）。つかむところがあればつかんでもいいです。
②壁に手をあててもすぐに離しません。手をつけたまま，体を壁に十分に近づけます。足をコンパクトに折り曲げ，壁に足をつけるように泳いできた勢いを利用して体をひねります。ひねったときに壁についた手の側の足の裏にもう一方の足の甲をつけます（図2）。
③体が横を向いたあたりで足が壁につきます。最初に壁につけるのは，片方の足だけです。もう一方の足は，壁についた足の甲に軽く重ねたままです（図3）。
④この状態で体をひねれば，反転し終えてちょうど壁を蹴るときに両足が自然に下を向いた形でそろいます（図4）。
⑤体が反転したら両足で壁を蹴ります（図5）。

　壁を蹴った後は，ストリームラインをつくってゆっくりと水中を進みます。

　これらの動作をスムーズに行えば，美しい泳ぎを続けることができ，タイムも縮めることができます。

★ 領域：水泳運動（クロール　ターン）

66 ターン　上級編
フリップターン（クイックターン）を身に付ける

図1　ステップ1　水中での前転練習

図2　ステップ2　け伸びから回転して壁を蹴る

教材のよさ

続いては，ターンの上級テクニックであるフリップターンです。フリップターンができるようになったら泳ぎ続ける喜びを十分に味わえるようになります。

すすめ方

【ステップ1　水中での前転練習】（図1）

ツーンと鼻が痛くならないように，鼻から少しずつ息を吐きながら行います。マット上でやるときのように，お腹へ向かってコンパクトに体を丸めます。あわてずゆっくりとまっすぐに回転するようにします（まっすぐに回転しているかを2人組で確かめましょう）。
○両腕を横に広げ，目安となるライン上に立つ。腕を広げたまま，水底を蹴る。
○手のかきで補助しながら「でんぐり返し」をする。体を丸めるように行う。
○ゆっくり，まっすぐに回ることが大切である。鼻や口から水が入り込まないように注意して行う。
○手のかきで調整しながら，再びライン上に立つ。鼻から少しずつ息を吐きながら行う。

【ステップ2　け伸びから回転して壁を蹴る】（図2）

壁から3mくらい離れて，け伸びで壁に近づき回転した後で壁を蹴る練習をします。
○け伸びで壁から40cm～50cmくらいのところまで近づく。
○両腕をかいた勢いでグッと頭を入れ込む。
○小さくドルフィンキックを打って体をくるっと丸める。
○壁に対してまっすぐに回る。
○回り終えたら壁に両足をつけ，体をひねっていく。
○体を下向きにひねりながらストリームラインの姿勢をつくる。

蹴り出したら，ストリームラインの姿勢で進んでいきます。これができるようになったらクロールからターンしてみましょう。

67 クロール ステップ10
ステップカードを利用した水泳指導（クロール編）

領域：水泳運動（クロール）

これでばっちり！クロール25mの道 ステップカード
年 組 番 氏名（　　　　　　　　　）

	◆クロールのステップ　○ポイント	シール
ステップ1 けのび	◆陸の上で、けのびの姿勢をする。 ○うでを頭の上にあげて手が軽くかさなるように伸ばす。	
ステップ2 けのび	◆プールの壁をけって、水中でけのびをする。 ○水平姿勢をキープする。（おしりが出ないように）	
ステップ3 ばた足	◆かべにつかまって体をうかせ、キックの練習をする。 ○ひざを曲げないように足の甲でける。	
ステップ4 ばた足	◆ビート板を使って（けのびから）キックの練習をする。 ○水面から足がでないようにキックする。	
ステップ5 うでのかき	◆水中で歩きながらうでのかきの練習をする。 ○手を後ろまでかけたらひじからひきあげるようにかく。	
ステップ6 面かぶりクロール	◆面かぶりクロールで5m泳ぐ。 ○うでをのばしてできるだけ遠くの水をとらえる。	
ステップ7 息つぎ	◆プールの中で、立った状態で呼吸の練習をする。 ○顔を水面から半分くらいだすイメージで呼吸する。	
ステップ8 息つぎ	◆ビート板を使ってうでかきをしながら呼吸して泳ぐ。 ○呼吸のとき、頭があがらないように横に軽く首をひねる。	
ステップ9 手タッチクロール	◆二人組になり手タッチでうでかきしながら呼吸して泳ぐ。 ○一定のリズムで呼吸できるようにする。	
ステップ10 クロール	◆プールの縦（25m）を呼吸しながら泳ぐ。 ○一定のリズムで呼吸しながら、ゆっくり泳ぐ。	

教材のよさとすすめ方

小学生のあこがれの種目の1つで、目標に、「クロールをマスターして、25mを泳ぎ切る」ことがあげられます。その泳ぎをマスターするためには、子供の不安要素を取り除きながら、系統的な学習により、徐々にステップアップさせることがポイントになります。上のステップカードをコピーして子供に配布して学習すると系統的な学習が可能になります。合格したらシールをもらえるようにすると子供のできばえが一目でわかりますし、子供のやる気にもつながります。指導上の留意点は、水に十分に慣れさせながら、急がず丁寧に行うことです。

領域：水泳運動（平泳ぎ）

68 平泳ぎ ステップ10
ステップカードを利用した水泳指導（平泳ぎ編）

これでばっちり！平泳ぎ25mの道 ステップカード
年　組　番　氏名（　　　　　　　　　　）

	◆平泳ぎのステップ　○ポイント	シール
ステップ1 けのび	◆陸の上で、けのびの姿勢をする。 ○うでを頭の上にあげて手が軽くかさなるように伸ばす。	
ステップ2 けのび	◆プールの壁をけって、水中でけのびをする。 ○水平姿勢をキープする。（おしりが出ないように）	
ステップ3 壁でかえる足	◆壁につかまってかえる足の練習をする。 ○足首をまげて足の裏で水をけっているか確認する。	
ステップ4 背うきかえる足	◆ビート板を抱いて背うきの姿勢でかえる足を練習する。 ○ラッコの姿勢でひざが水から出ないようにする。	
ステップ5 かえる足	◆手を体の横につけて（気をつけ）かえる足を練習する。 ○足をひきつけたときにかかとが手にさわったらオッケー。	
ステップ6 うでのかき	◆陸の上でうでのかきの練習をする。 ○手はハート形を逆さまにした形に動かす。	
ステップ7 うでのかき	◆水の中で水の抵抗を感じながら手のかきの練習をする。 ○うでをしっかり前に伸ばして水をとらえる。	
ステップ8 コンビネーション	◆両手を前に伸ばすのと同時にかえる足で水をける。 ○け り終わった足を伸ばしたときにうで、全身を伸ばす。	
ステップ9 ゆっくり平泳ぎ	◆かえる足で水をけり、前に進まなくなるまで伸びる。 ○進まなくなったら手をかき呼吸する。伸びることを意識。	
ステップ10 平泳ぎ	◆プールの縦（25m）を呼吸しながら泳ぐ。 ○足のうらでしっかり水をけりながらゆっくり泳ぐ。	

教材のよさとすすめ方

　平泳ぎは、かえる足と腕のかき、息継ぎのコンビネーションが難しく感じるため、クロールの次に指導に入ることが多いです。しかし、平泳ぎも系統的に学習することでできるようになる運動です。上に、平泳ぎのステップを示しました。クロールの指導のときと同様に、「ボビング、だるま浮き、くらげ浮き、ラッコ浮き」など水泳の基礎感覚をつくる運動を取り入れながら学習を進めましょう。指導上の留意点は、キックの後の「伸びの姿勢」を保つことが大切になります。

★ 領域：水泳運動（安全確保につながる運動）

69 着衣泳
着衣のまま水に落ちた場合の対処の力を身に付ける

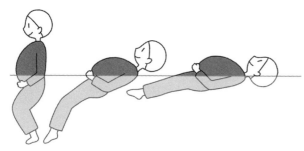

図1　服に空気を入れた背浮き　　　図2　ペットボトルを抱えて背浮き

教材のよさ

　警察庁によると平成29年の水難者は，1614人（死者・行方不明者679人）で，最も多いのが川や海での魚とり・魚釣りです。毎年，着衣のまま水に落ちて溺れてしまい，多くの人が命を落としています。

　これらのことから，着衣のまま水に落ちた場合の対処の仕方について，安全確保につながる運動との関連を図り，各学校の実態に応じて積極的に行うことが大切になります。

すすめ方

1　歩く
○プールサイドに腰を下ろし，着衣（長袖，長ズボン）のまま静かに水に入る。
○ゆっくり歩いて逆サイドまで行ったら，タッチして戻ってくる。

2　もぐる　け伸び
○頭のてっぺんまでもぐる。
○「け伸び」で逆サイドまで行ったらタッチして戻ってくる。

3　色々な泳ぎ方で泳ぐ
○クロールで泳ぐ。
○平泳ぎで泳ぐ。
○プールの真ん中ぐらいから近いプールサイドまで足を着かずに泳ぐ。

　近代泳法で泳ぐのは難しいことを体感させます。特に，クロールは，腕が思うように上がらず泳ぎにくいと感じる子が多いです。

4　浮く
　クロール等で無理に泳ぐとかえって溺れてしまうことを体感して，後に背浮きの状態が一番いいことに気付かせます。
○服に空気を入れて背浮きする（図1）。
○ペットボトルを抱えて背浮きする（図2）。
　あごを出したり，お腹を出したりして，どうすれば浮くか2人組でポイントを見つけましょう。慣れてきたら徐々にペアの支えを外しましょう。

領域：ゲーム（ボールゲーム）

70 はしごドッジボール
ボールゲームの基礎技能である投能力を養う

図1　はしごドッジボールのコート

教材のよさ

ドッジボールは，体育の授業ばかりでなく，休み時間などにも楽しんで行われています。しかし，チームの人数が多い普通のドッジボールでは，ボールに1回も触れない子供が出てきます。低学年では，ボールに触る機会を保障することで楽しさを味わわせたいと考えます。運動が苦手な子が投げる喜びや当てる喜びが味わえることができ，どの子も活躍できる学習場面を保障するために，最小人数（2対2）で行うようにしました。

すすめ方

【はしごドッジボールの基本的なルール】

○縦5m横3mのコートをつなげる（図1，大人の歩幅で縦5歩，横3歩などアバウトでいい）。
○スマイルハンドボール1号（MIKASA）を使用（150g）。
○チーム戦で行う。1チーム2人。
○2対2で行う（内野2人，外野2人）。
○1回戦は，ジャンケンで勝った方が内野からゲームスタート（2回戦目からは，勝った方が内野からゲームスタート）。
○外野は，内野の人を当てるだけ，内野の人は逃げるだけのシンプルなルールにする。
○2分経ったら内野と外野が入れ替わる。
○外野が投げたボールが内野の人に当たれば1点。
○何回当ててもかまわない。
○点数が多いチームが勝ち。
○内野は，キャッチしてもよいが点数にはならない。
○勝ったチームが，1階上がる，負けたチームはその場所に残る（9階は，勝ちがそのまま残り，負けた方が1階まで下がる）。

キャッチの点数化については，ある程度キャッチできるようになってからルールを工夫していくとよいでしょう。

★ 領域：ゲーム（ボールゲーム）

71 ゲットボール
「投げる・捕る」ボールゲームの基礎的な運動能力を養う

対象学年≫ 低学年 中学年 高学年

図1　ゲットボールのコート

対象領域≫ 体つくり　器械　陸上　水泳　ゲーム・ボール　表現

教材のよさ

前述のドッジボールは，名称（dodge）の通り，すばやくかわすことが大切なスキルになります。また，攻守の入れ替えのためにキャッチもしますが，下から抱え込みながら捕ることが多いです。今回紹介する「ゲットボール」は，相手からくるボールや味方からのボールを抱え込まないで捕球することで得点になるボールゲームです。「投げる・捕る」力を伸ばすために開発されたゲームです。

すすめ方

【ゲットボールの基本的なルール】
○バドミントンコートで行う（図1）。
○スマイルハンドボール1号（MIKASA）を使用（150g）。
○4対4で行う（内野2人，外野2人）。
○ジャンケンで勝った方の内野からゲームスタート。
○相手が投げたボールを捕れたら1点（手の平に当てて落として捕る。手の平ではたいて落ちたボールをコート内でおさえてもよいし，キャッチしてもよい。一人がはじいたボールをもう一人がおさえてもよい）。
○内野は，敵の内野に捕られないように味方の外野に向けてボールを投げる。味方同士でボールが渡ったら1点（ただし，外野は2mの制限区域内で保持すること）。
○外野は，敵の内野に捕られないように味方の内野に向けてボールを投げる。味方同士でボールが渡ったら1点。
○サイドラインを越えて味方の外野に渡すことはできない。
○内野も外野もボールを捕ったら「ゲット！」とコールする。
○1試合2分間（制限時間（1分）がきたら内野と外野を交代）。

下から抱え込むキャッチは，得点にしません。手の平に当てて落とす，手の平を向けてキャッチすることを基本とします。

領域：ゲーム（ボールゲーム）

72 ダブルコートシュートゲーム
攻防分離型ゲームで役割分担を明確にして作戦を立てる

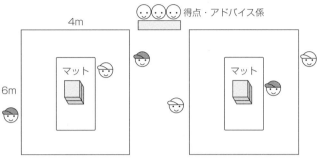

図1　ダブルコートシュートゲームのコート

写真1　ゲームの様子

教材のよさ

低学年のボールゲームの教材づくりは，以下に示す3点を保障しなければなりません。

①ルールが簡単であり，全員が参加できること。
②役割が明確で，作戦が立てやすいこと。
③必ずボールに触れなければならないようなチーム編成にすること。

しかし，大人数，少コートでボールゲームをすると1回もボールを投げずにゲーム終了になるなど一部の子供の独壇場になります。また，役割が明確でないゲームでは，何をしていいのかわからず作戦の立てようもありません。そこで低学年時は，シンプルなルールで楽しみながら運動する機会を保障し，簡単な作戦を立てながら技能力向上を図ることが大切になります。

これらの点を十分に満たすために開発されたのがダブルコートシュートゲームです。

すすめ方

【ダブルコートシュートゲームのルール】
○1チーム3人（攻め2人，守り1人）。
○6m×4mの四角のコート。攻めはその線の外側から投げ，守りはその内側にある2枚のマットをつなげた4m×1m程度の枠外を動いて攻撃を防ぐことができる。
○つなげたマットの中心にダンボールの的を2つ重ねておく（写真1）。
○的に当たったら1点，的を倒したら3点。的を倒したら，倒した人がもとに戻す。
○試合は，3対3で行うが，1コートは，2対1になる。2コートで同時に行う（図1）。1試合1分30秒。

このゲームは，2人で攻め，1人が守るという攻防分離型のゲームです。チーム内で攻めと守りを隣同士のコートで同時に行うことになり，両方の視点からお互いによりよい攻めについての動きを確認し合うことができます。

領域：ゲーム（ボールゲーム）

73 コーンゲットゲーム
ねらって思い切り投げる力を身に付ける

図1　コーンゲットゲーム

図2　コーンゲットゲーム（攻防型）

教材のよさ

コーンゲットゲームは，簡単なルールで，変化をつけながら繰り返し行うことで，ボール運動の基礎である「ねらって投げること，捕ること」などが身に付く教材です。また，簡単な攻防を取り入れれば，攻め方や守り方を考えることができるためボール運動につながります。

すすめ方

【コーンゲットゲームのルール】
○ライン上にコーンを並べる（図1）。
○ボール（ライトドッジボール（モルテン））を1人1個持って，お互いに向き合って1列に並ぶ。
○2～3ｍ先にある的（コーン）に向かって投げる。
○的がすべて倒されたら終了。的を多く倒したチームが勝ち。

相手が投げたボールを捕って投げ返すので，捕る動作も身に付きます。また，「コーンのどこをねらえば倒せるか」などを考えさせることによって，効果的な学習になります。変化をつけながら繰り返し行うことで技能力向上をねらいます。

【コーンゲットゲーム　攻防型バージョン】
コーンゲットゲームに変化をつけて攻防型にすれば攻め方や守り方を考えて行うことができ，ボール運動につながります。

【コーンゲットゲーム（攻防型）のルール】
○半径2ｍの円を2つ用意します（図2）。
○1チームは3人。チームにボール1個。
○攻めと守りの人数はチームで決める。
○攻めと守りが配置についてから試合開始。
○守りは自陣の円の中に入ることができる。
○敵陣のコーンを早く倒した方が勝ち。

コーンを倒すためにはどうすればよいかを考え，守りがあいているところを探してパスしたり，フェイントをかけたりしてコーンを倒します。

★ 領域：ゲーム（ボールゲーム）

74 けりっこ とりっこ はしりっこ
思いきり蹴って，走って，捕って，集合して楽しむゲーム

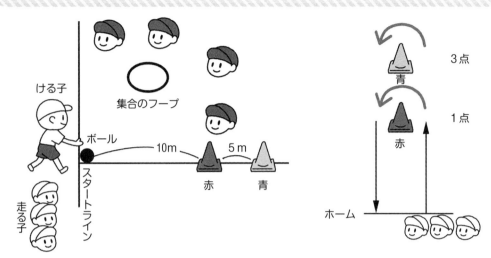

図1　けりっこ　とりっこ　はしりっこ
　　　ゲームのコート

図2　得点のしかた

教材のよさ

「けりっこ　とりっこ　はしりっこ」は，低学年のベースボール型のゲームです。低学年のベースボール型ゲームは，ルールが簡単で，ゲーム中の判断が容易であることが大切です。また，ベースボール型は，運動量が不足しがちです。

その点も考慮に入れたのが教材「けりっこ　とりっこ　はしりっこ」です。

すすめ方

【「けりっこ　とりっこ　はしりっこ」ゲームのルール】

○1チーム4人。
○ホームから10mの位置に赤のコーンを置く。その後方5mの位置に青のコーンを置く（図1）。
○1人が蹴り，3人がスタートラインに並ぶ。全員でコーンを目指して走る。
○赤のコーンを回って帰ってきたら1点，青のコーンを回って帰ってきた3点（図2）。
○守備は，点数を取られないように，ボールを捕ったらフープの中に集合し，「アウト！」という。攻撃は，守備が集合し，「アウト！」という前にホームの線を全員が越える。
○4人全員が蹴り終わったら攻撃終了。
○表裏3回行う。

このゲームは，全員が走るので，1点にするか3点をねらうかチームで判断しなければなりません。ですから，コーンの色を変えておくと，瞬時に「赤！」，「青！」などといいながら走れます。

守備は走って集合し，攻撃も1つの攻撃で全員が走るので，ベースボール型ではありますが，運動量が豊富な教材です。

★ 領域：ゲーム（ボールゲーム）

75 スローイング・ベースボール
状況に応じて投げる力とボールが飛んでくるコースに入る力を高める教材

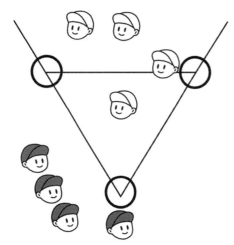

図1　スローイング・ベースボールのコート

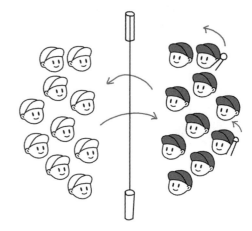

図2　スロー！スロー！スロー！

教材のよさ

「スローイング・ベースボール」は，投げることで得点するベースボール型のゲームです。このゲームは，2つの力を高めることをねらっています。

1つ目は，攻撃において，「相手の守りの状況に応じて思い切り投げる力」です。投能力の向上につながります。

2つ目は，守備において，「ボールが飛んでくるコースに入る力」です。守備者全員が集まって攻撃を終了させるルールにすることで，ボールが飛んでくる場所やコースに移動する力を身に付けることができます。このように，スローイング・ベースボールは，低学年でありながら攻守の学習内容を身に付けられる教材です。

すすめ方

【スローイング・ベースボールのルール】
○1チーム4人。
○攻撃は，ボールを投げて，1塁，2塁，ホームの順に走る。塁は円を描く（図1）。
○守備は，攻める人が投げたボールを捕り，ボールを捕った人のところに守備者が全員集まって「アウト！」といって座る。
○得点は，守備者の4人全員が集まって座るまでの間に，1塁ごとに1点とし，走者はアウトになるまで走塁を続ける。
○攻撃が全員投げ終わったら攻守交替。表裏3回で終了。

児童には，得点を増やすために相手がいないところに投げることを学習させるとよいでしょう。また，守備では，飛んでくるコースに入るためには，ボールの速さを考えて回り込むことに気付かせます。

さらに，図2は，たくさん投げさせるためのドリルゲームです。2つのチームに分かれて，180cmの高さのゴムひもを越えて相手チームに投げ入れます。30秒で多く投げ入れたチームの勝ちです。このようなゲームを入れながら行うと効果的です。

★ 領域：ゲーム（ボールゲーム）

76 スローイング・ゴルフ
ゲーム化し，楽しみながら投能力を身に付ける

図1　レジ袋に新聞紙を入れたボール

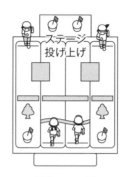

図2　コース

図3　滝をめがけて投げる子供

教材のよさ

投の初歩的動作の獲得は，低学年のうちからしっかり指導すべきです。今回は，楽しみながら投の初歩的動作が獲得できるスローイング・ゴルフを紹介します。このゲームは，他の人から干渉されずに行える個人競技であるため，投げる技術が未熟な子供にとっても，じっくりと自分のフォームを確かめながら投げられるという利点があります。

また，1つのコースの中で，遠くに投げたり，ねらって投げたりする場面が用意されているため多様な投げ方が経験できます。

すすめ方

まず，スーパーのレジ袋に新聞を詰め込んでつくったもの（直径10cm）をボールにします。ボールは取手の部分をつかんで投げることができるので，投動作が苦手な子供も容易に投げることができます。ボールは，1人1個，用意します（図1）。

次に，スタート位置からそのボールを投げてゴール（バケツ，たらいなど）を目指します。チーム対抗戦で行い（4人1チーム），少ない回数でゴールした方が勝ちです。

そして，コースにはハザード（池，木，川，滝などに見立てたブルーシート等）を設定することでワクワクする場になります（図2）。特に滝などの「投げ上げる場」を設定することで，肘を上げなさいという指示を出さなくても自然と肘が上がるようになります（図3）。自然に捻転の動作を身に付けるために，振り向き投げゲームなどのドリルゲームを入れるといいでしょう。

【振り向き投げゲーム】
2人組で，投げる人は，投げる手と反対の足を前に出して半身でかまえます。その状態から後ろを振り返り，後ろの人から手渡されたボールを受け取り，体を回転させながら投げます。的に多く当たったチームの勝ちです。

★ 領域：ゲーム（鬼遊び）

77 ドキドキ鬼遊び
相手を追いかける・逃げる・うまくかわす動きを身に付ける

図1　鬼が決まる瞬間の緊張感

図2　帽子の色を変えてスタート

図3　逃げ鬼バージョン

教材のよさ

鬼遊びは，「①ルールがシンプルである。②全員の運動量が確保できる。③バリエーションが豊富である。」教材です。また，鬼遊びの動きは，「逃げる，追いかける，かわす，タッチする」などボール運動の動きにつながります。ここでは，鬼がだれだかわからない「ドキドキ鬼」と鬼が逃げる「逃げ鬼」を紹介します。

すすめ方

【ドキドキ鬼のルール（制限時間1分）】
○逃げる範囲を決める。
○円になって座り，下を向いて目をつぶる。
○教師に頭を触られた人が鬼（図1）。
○触られた人は自分が鬼だといってはいけない。

子供たちは，教師が回ってくるのをドキドキしながら待っています。5名の子供の頭を触りました。両手を広げてお隣さんとぶつからないように広がってから競技開始。鬼がわからないので最初はすぐにタッチされます。

【ドキドキ鬼　増え鬼バージョン】

また，バージョン2として，この鬼遊びを「増え鬼」の方法で行うことで，さらに運動量を確保することができます。
○鬼は白帽子にして追いかける（図2）。
○鬼にタッチされた人も白帽子にして鬼になる。最後まで残った人が勝ち。

【ドキドキ鬼　逃げ鬼バージョン】

さらに，バージョン3として，「逃げ鬼」で行います。
○鬼が追いかけるのではなく，「鬼が逃げて，鬼にタッチした人が鬼」になる（図3）。
○鬼になれた人が勝ち。
○増え鬼の形式で行う。

鬼が追いかけるものという概念を覆すものです。「鬼にならないと負け」というのは，逆転の発想でおもしろかったようです。

★ 領域：ゲーム（ゴール型ゲーム）

78 フットビー
ボールキープと状況判断力を身に付ける

写真1　フットビーのパック

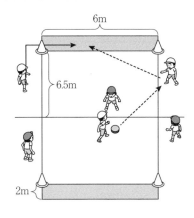

図1　フットビーのコート

対象学年 » 低学年／中学年／高学年

教材のよさ

　サッカー型のゲームは，攻守が入り乱れる中で，ゲームが展開されることから，ボールキープがうまくできないと適切な判断を下しづらいことが多々あります。なぜなら，相手からのプレッシャーの中で，「ボールキープ」と「状況判断」という2つの課題が同時に要求されるためです。そこで，チームの戦術を遂行するためには，この2つの課題の難易度を下げた教材を用意すれば，状況判断をスムーズに行いながら戦術を遂行することができるのです。使用するボールは，ドッヂビー用のフリスビーを2枚重ね合わせ，動きが安定するように中に新聞紙と野球ボールを詰めたパックです（写真1）。これにより，ボールキープを容易にし，二次元的な動きの中で戦術学習が可能になります。

すすめ方

【フットビーのルール】
○コートは，図1の通りとなる。
○人数は3対3で行うが，動きに制限があるため，攻撃時は3対1のアウトナンバーゲームになる。
○1チームは内野1人，外野2人の3人。
○外野は，相手コートのサイドラインの外側と，相手側のゴールゾーンでのみ動ける。
○内野が動けるのはコート内のみ。パスは自由に行える。
○ゴールゾーンで外野がパックを足で止めると得点となる。
○得点が決まったら，中央のラインからリスタートする。
○パックがエンドラインから出た時は，相手側の内野がゴールゾーンから攻撃を始める。
○ゲーム時間は4分。

　ボールが浮き上がらないため，顔にボールが当たらず，女子児童にとっても人気があるゲームです。また，必ずパックがまわってくるのですべての子供が活躍できます。

対象領域 » 体つくり／器械／陸上／水泳／ゲーム・ボール／表現

★ 領域：ゲーム（ゴール型ゲーム）

79 パスパスゲーム
守りをかわしてパスを受ける動きを身に付ける

対象学年：低学年／中学年／高学年

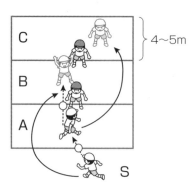

図1　グリッドパスゲームのコート

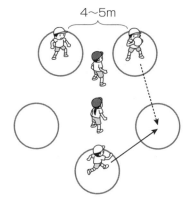

図2　ペンタゴンパスゲームのコート

教材のよさ

　ゴール型のボールゲームでは，「ディフェンスをかわしてパスを受ける動き」を身に付ける必要があります。しかし，「あいているスペースに動いて！」といっても動けるようにはなりません。それは「動きの見通し」が持てていないからです。そこで，「動きの見通し」が持てるようになるための2つのパスゲームを紹介します。このゲームをすることで，どの場所に，どんなタイミングで動き出せばいいのかを学習することができます。

すすめ方

1　グリッドパスゲーム（攻守交替1分）

　グリッドパスゲームをすることで，縦パスの意識を高めます。パスを出したら自分もすばやく移動する動きが身に付きます。

【グリッドパスゲームのルール】
○図1のように3つのグリッドがあるコートを用意する。グリッドの幅は4～5m程度で子供の実態に合わせる。
○2対2で行う。Sからスタートし，Aのグリッドの子供にパスをする。パスをしたらBまで走り，Aにいる子供から受け取る。Aの子供は，Cのグリッドまで走りパスを受けたら1点。
○守りは線上のみ移動できる。

2　ペンタゴンパスゲーム（攻守交替1分）

　ペンタゴンパスゲームをすることで，あいたスペースを見つける意識を高めます。ディフェンスを振り切る動きが身に付きます。

【ペンタゴンパスゲームのルール】
○図2のように円を描き，五角形をつくる（1辺4～5m程度）。
○攻撃の子供が，円の中でパスを受けたら1点。守りは，それを阻止するように動く。
○スタート時，守りの一人はボールにつかなければならない。

対象領域：体つくり／器械／陸上／水泳／ゲーム・ボール／表現

★ 領域：ゲーム（ゴール型ゲーム）

80 チュックボール
シュート，キャッチする力を身に付ける

図1　チュックボールの
　　　ゴールネット

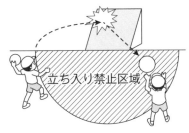

図2　チュックボールの得点

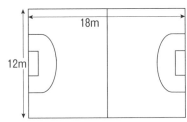

図3　チュックボールのコート

教材のよさ

　従来の球技は，侵略性が基本となってボールを奪い合うゲームが多いのですが，チュックボールは相手に邪魔されることなくボールをシュートし合うゲームです。攻撃や守備の際，妨害行為が全くないため，ゲームの醍醐味が「シュートとキャッチの攻防」に集約され，「パス，キャッチ，シュート」の機会が全員に保障されるゲームであるといえます。

すすめ方

【チュックボールの主なルール】
○非侵略的で相手を妨害してはいけない。
○弾力のあるネット（図1）にシュートし，ネットから跳ね返ったボールが，ネット周囲の立ち入り禁止区域（半径3m）外のコートに落ちたら得点になる（図2）。
○守備側は，跳ね返ったボールをダイレクトにキャッチしなければならない。キャッチに失敗すれば攻撃側の得点になる。
○ボールのパス，キャッチ，シュートのあり方は，ハンドボールに似ているが，ドリブルはなし。
○相手チームへの妨害行為は，すべて禁じられているためパスカットはなし。

　試合は，3対3で行うなど少人数にすることで，ボールに触れる機会を多くつくるとよいでしょう。ゴールについては，正規のゴールがあるところは少ないので，コンパネなどを代用してください。コートの広さは，体育館の広さに合わせて設定してください（図3）。ハンドボールのようにゴールを2つ設けて行います（ゴール1つでも可）。どちらのゴールにシュートしてもよいですが，同じゴールにシュートできるのは3回までです。フロアに落ちないと得点にはならないことからシュートの打ちっぱなしにはなりません。特に守備側は，シュート角度を予想してキャッチに対応しなければなりません。

領域：ゲーム（ネット型ゲーム）

81 ナンバーリングキャッチバレーボール
ポジションの役割を身に付けアタックにつなげる力を身に付ける

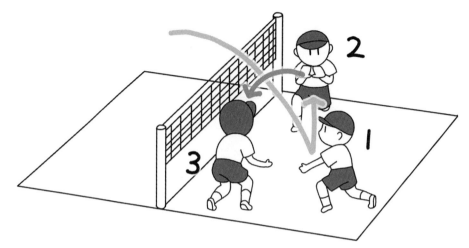

図1　ナンバーリングキャッチバレーボール

教材のよさ

バレーボールの攻撃は、「レシーブ、トス、アタック」の三段攻撃です。しかし、バレーボールに慣れていない子供には、次のような課題が見られます。

○「レシーブ、トス、アタック」のつながり方がわからない。
○誰がアタックするのかが、わからない。
○レシーブがセッターにうまく返らない。
○アタックするためのトスが上がらない。

このような課題を解決するためには、役割分担を明確にし、難しいスキルは容易にする必要があります。それらを解決するためのゲームが「ナンバーリングキャッチバレーボール」です。

すすめ方

【ナンバーリングキャッチバレーボールの主なルール】

○1，2，3のビブスをつける。
○レシーブ、トスは、キャッチしてつなぐ。アタックは、手ではじいて相手コートに入れる。
○サーブは、下手で相手コートに投げ入れる。サーブは、レシーバーがする。サーブは得点に関わらず交互にする。
○図1のように役割があり、1がレシーバー、2がセッター、3がアタッカーになる。1が相手からのボールを必ずキャッチしなければならない。
○サーブの時にローテーションをして、1が3（アタッカー）に、3が2（セッター）に、2が1（レシーバー）となる（時計回り）。しかし、単元の最初は役割がわかるようにローテーションをしない方がいいでしょう。役割がわかるようになってきてからローテーションを入れて楽しむようにします。1，2，3という声と相手のサーブが来る前に、レシーブの確認の声を出すようにしましょう。

★ 領域：ゲーム（ネット型ゲーム）

82 シュートプレルボール
シュートされたボールの位置にすばやく動く力を身に付ける

対象学年：低学年／中学年／高学年

図1　ワンバウンドでボールをつなぐ

図2　ワンバウンドさせて相手コートに投げ入れる

教材のよさ

シュートプレルボールは，プレルボールをもとにした易しいゲームです。ネットをはさんだ2チームが，ボールをワンバウンドさせながらパスをつなぎ，ラストボールを相手コートにシュートして得点を競い合います。プレルボールと大きく違う点は，相手コートにボールを返す際に，自陣にプレルして返すのではなく，ボールをキャッチして自陣に投げつけて返す（シュート）ところにあります。

すすめ方

【シュートプレルボールの主なルール】
○3人1チーム。
○サーバーは，下手投げでやさしく投げる。
○レシーバーは，自陣コートでワンバウンドしたボールを両手又は片手でワンバウンドさせてセッターに返球する。
○セッター以外の2人のうち，レシーブしなかった子供がアタッカーになる。
○セッターは，アタッカーにボールをワンバウンドさせて送球する（図1）。
○アタッカーは，ボールをキャッチし，その場で，自陣にワンバウンドさせて相手コートにシュートする（図2）。
○1人1回は必ずボールに触り，必ず3回で相手コートに返す。
○自分のコートで2回バウンドしたら失点。

まずは，両手の平手打ちでプレルすることで，ボールの正面に入り，セッターへの返球を安定させることが大切です。また，必ず3回で相手コートに返球することで，「レシーブーセットーシュート」と1人1回は，ボールに触れることができます。学習内容としては，単元前半では，「三段攻撃でどのように組み立てると攻撃しやすいか」を学習します。また，単元中盤から後半にかけては，「相手が守りにくい攻め方」などをチームで考えさせるといいでしょう。

対象領域：体つくり／器械／陸上／水泳／ゲーム・ボール／表現

★ 領域：ゲーム（ネット型ゲーム）

83 ボンバーパスゲーム
投げる・捕る・つなぐ力を身に付ける

対象学年：低学年／中学年／高学年

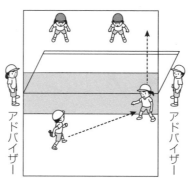
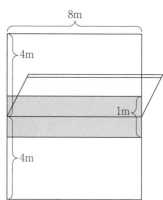

写真1　ボンバーパスゲームのボール　　図1　ボンバーパスゲームのイメージ　　図2　ボンバーパスゲームのコート

対象領域：体つくり／器械／陸上／水泳／ゲーム・ボール／表現

教材のよさ

　ボンバーゲームは，相手コートにボールを投げて，コート内に落ちたら得点が入るゲームです。すばやく落下地点に入ってキャッチし，相手コートに投げ返す動作を繰り返します。本教材は，それに連係プレーを取り入れた教材です（図1）。高学年のソフトバレーボールにつなぐためには，味方同士の連係プレーが必要になります。この教材を実践することで，「思い切り投げる，捕る，つなぐ，ねらって相手コートに落とす，ボールの落下地点に動く」などの動きが身に付きます。

すすめ方

　ボールは，ビニル袋（レジ袋等）に新聞紙や緩衝材などを入れたものを使います（写真1）。
　このボールの利点は，軽いためボールが落下する速度が遅くなることです。そのためボールの落下地点までの移動が容易にできるようになります。

【ボンバーパスゲームのルール】

○1チーム3人の男女混合のチームを編成する。
○2人がゲームを行い，1人が観察やアドバイスを行う。
○2対2で連係してボールを投げ合い，相手コートにボールを落とせたら1点とする（ワン・ツーで返す）（図1）。
○コートは図2の通り。
○ネットの高さは180cm。
○アウトは相手の点数にならず，相手ボールとなる（ねらって投げさせたいため）。

　また，ネット下の1m幅のゾーンをねらうと投げる動きが小さくなるため，思い切り投げるというねらいが達成できません。そこで，ネット下の1m幅のゾーンに落ちたら相手ボールとしました。
　この教材は，必ずボールが自分のところに回ってきて，また，役割分担が明確なため，全員の参加が保障されます。

★ 領域：ゲーム（ベースボール型ゲーム）

84 フィルダーキックベースボール
ボールの方向に応じた状況判断力を身に付ける

対象学年：低学年／中学年／高学年

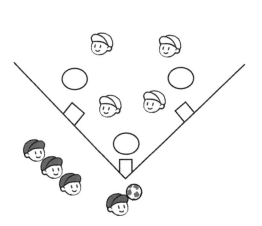

図1　フィルダーキックベースボールのコート

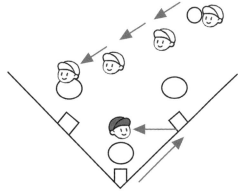

図2　次の塁でアウトにする

教材のよさ

キックベースボールは，ボールを足で思い切り蹴り，進塁することで得点を競うゲームです。バット操作が必要なベースボール型のゲームより，キックベースボールのほうが易しい教材であるといえます。

フィルダーキックベースボールは，
○力強く蹴る力を身に付ける（攻撃）。
○蹴ったランナーの進塁を防ぎ，得点を与えない動き（守備の状況判断）。
を学習します。

すすめ方

【フィルダーキックベースボールのルール】
○試合は4対4で行う。
○塁は3つ，三角ベースで行う（図1）。
○表裏の2回行う。打者一巡で交代する。
○塁間は10m。
○ボールはスマイルサッカー3号（MIKASA）を使用する。
○1塁ごとに1点とし，アウトになるまで走塁を続ける。
○アウトになるまで何周もできる。
○走者がベースを踏むより早く，ボールを持った人と持たない人の2人がベース付近のサークル（フラフープなど代用可）に入って「アウト！」と声を出す（例：ファーストでアウトにできないと判断したら次の塁でアウトにできるように動く）。
○フライやライナーは，捕ったらアウトではなく，ゴロと同じようにサークルに入ってアウトにする。
○セルフジャッジで行う。判定があいまいなときはジャンケンで決める。

守備は，ボールの方向によって「誰が捕球に行き，ボールを持っていない人はどう動くのか」ということを焦点化しながら学習を進めていきます。図2のように外野に飛んで1塁が間に合わないと判断したら，2塁でアウトにするような中継プレーが必要になります。

対象領域：体つくり／器械／陸上／水泳／ゲーム・ボール／表現

★ 領域：ボール運動（ゴール型）

85 ワンドリバスケットボール
シュートに向かう動きを身に付ける

対象学年：低学年／中学年／高学年

対象領域：体つくり／器械／陸上／水泳／ゲーム・ボール／表現

図1　ワンドリバスケットボールのコート

図2　守備者を入れないように動く

教材のよさ

バスケットボールなどのボール運動は，一見楽しそうに取り組んでいるように見えますが，その内実は技能の高い一部の子供によってゲームが展開され，残りの子供は，「どのような動きをしたらよいか」がわからず，欲求不満に陥っているケースが少なくありません。そこで，攻撃時にパスがつながるように相手チームとの人数を調整する必要があります。また，バスケットボールなどの攻防が入り乱れるゲームでは，「ボールを持たない動き」がゲームの大半を占めることから，その動きの指導が重要となります。

すすめ方

【ワンドリバスケットボールの主なルール】
○1チーム4人。
○パスがつながるように，フロントコートでは4対3のアウトナンバーゲームになるようにした。チームに1名フロントコート内だけ動ける攻撃専門の選手（赤帽子で目印）を置く（図1）。
○ボールを運ぶためのドリブルはなし。
○ただし，シュート前に相手をかわすワンドリブルは可。
○シュートは，リングに当たれば1点。入れば2点。
○1ゲーム5分。

ボール保持者と自己の間に守備者が入らないように移動できるとパスがつながります。発問「Aの人はどこに動けばパスを受けることができますか？（図2）」などの発問を用意しながら学習していくと動きがかわります。

また，得点しやすい場所に移動し，パスを受けてシュートすることが高学年の学習内容です。そのためには守備者をかわす必要があります。シュートする手前でボールをキャッチして，そのままシュートをするのもいいですが，ワンドリブルすることを教えると守備者をかわすことができるようになります。

領域：ボール運動（ゴール型）

86 サイドマンバスケットボール
サイドにボールを出し，パス＆ゴーの動きを身に付ける

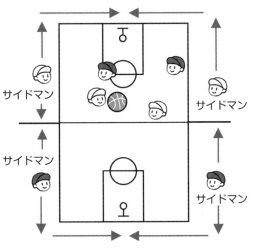

図1　サイドマンバスケットボールのコート

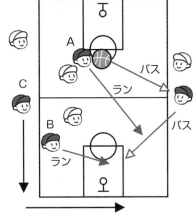

図2　パスを受けるサイドマン

教材のよさ

バスケットボールのゲームでは，次のような課題がみられます。
○ボールに集まり，コートの中央部だけで攻防が展開される。
○コートを広く使った攻撃ができない。
○パスを出した後，動きが止まる（パス＆ゴーができない）。
○意図的なパスがみられない。

そこで，これらのことを解決するためにサイドマンバスケットボールを行います。コート内の動きに制限を与えることで，意図した作戦ができるようにパス＆ゴーや両サイドに開くパスができるようになります。

すすめ方

【サイドマンバスケットボールの主なルール】
○1チーム4人。
○コート内は，2対2になる。
○コートの外の両サイドにそれぞれのチームで2名配置する（サイドマン）。
○サイドマンは，攻める方のハーフコートの外をL型に動くことができる（図1）。
○シュートは，リングに当たれば1点。入れば2点。
○ポジションは，1ゲームずつ必ず交替する。
○1ゲーム5分。

得点しやすい場所に移動し，パスを受けてシュートするためには，縦パスが最も効率が良いです。しかし，相手が味方との間にいてパスが出せない時は，図2のようにサイドにパスを出すとつながります。

パスを受けたサイドマンは，走りこんでくるAにパスをしてもいいし，ゴール下に走りこんでくるBにパスをしてもいいです。相手のディフェンスの状況で考える必要があります。その他にも，逆サイドにいるサイドマンCがゴール下に走りパスを受けるなどの作戦も有効です。

★ 領域：ボール運動（ゴール型）

87 ハンドボール
攻撃のプレイヤーを増やして戦術を身に付ける

図1　ハンドボールのコート

図2　攻撃のスタートの動き

教材のよさ

ハンドボールは，ゴールに向かって力一杯シュートすることができ，投能力の向上にもつながるボール運動です。また，運動量も豊富で，ルールも簡単であることから誰もが参加できるゲームです。

すすめ方

【ハンドボールの主なルール】
○1チーム4人（ゴールキーパー1人，フィールドプレイヤー3人）。
○コートは，縦20m，横12mぐらいの2コート。
○ゴールは，ミニサッカーゴールなどを代用（横幅180cm，高さ120cm）。
○ボールは，スマイルハンドボール1号（MIKASA）を使用（150g）。
○すべてセルフジャッジで行い，試合をしていない2チームは観察者として学習カードに記入する。
○攻撃専門のプレイヤーは，赤帽子にして攻撃側のハーフコートだけを移動する（攻撃時に3対2のアウトナンバーになる）（図1）。
○ドリブルはなし。
○6分ゲーム。

ゲームの基本は，パスをつないで攻撃することです。軽量のハンドボールは，片手でもつかむことができ，パスもつなぎやすいです。

しかし，学習のはじめは，ボールをもらった人がむやみにパスしてしまうことがあり，パスがつながらないことがあります。また，ボールを受ける人も動いてもらうことができません。そこで，ボールをもらったら周りを見て，近くにいるフリーの味方にパスを出すことを学習する必要があります。例えば，「EさんがボールをもったときFさんは，どちらに動けばよいですか（図2）。」というような発問を入れながら学習を進めていくと動きが変わります。

領域：ボール運動（ゴール型）

88 アルティメット
スロー，ラン，キャッチの力を身に付ける

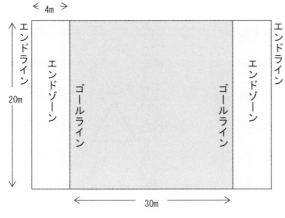

図1 アルティメットのコート

写真1 少し膨らんで走る

教材のよさ

アルティメットは，フライングディスクを落とさずにパスをつないで運び，コート両端のエンドゾーン内でディスクをキャッチすれば得点になるスポーツです（図1）。身体接触が禁止されており，フェアプレーを最重要視したセルフジャッジ制を導入していることが最大の特徴です。このアルティメットの教材的価値は，「①ルールがシンプルなため，どの子も比較的容易に取り組むことができる。②難しいボール操作の技能が要求されないことからボール運動が苦手な子供も十分力を発揮できる。③ディスクを相手に捕られないようにパスし続けなければならないことから，ディスクを持っていないときの動きを効果的に身に付けることができる。」です。

すすめ方

【アルティメットの主なルール】
○ゲームは，1チーム4人。
○試合開始は，エンドラインからスローイングを行う。
○ディスクは，スローイングによるパスだけでつなぐ。
○パスをつないで，エンドゾーン内で味方がディスクをキャッチすると1点。
○エンドゾーン内に守備チームは入れない。誤ってエンドゾーン内で守備した場合は，相手チームに1点が与えられる。
○ラインアウト，キャッチミスをした場合は，相手チームがその場からスローインで試合を再開する。
○守備側の防御は，身体接触は許されず，パスカットのみが許される。
○ゲームは，セルフジャッジで行う。

パスを受けるためには，少し膨らんで走る動きが必要です（写真1）。これができるようになるとディスクの落下地点がわかり，キャッチできる子供が増えてきます。

★ 領域：ボール運動（ゴール型）

89 タグラグビー
前へ，フォロー，ずらして得点力を身に付ける

対象学年：低学年／中学年／**高学年**

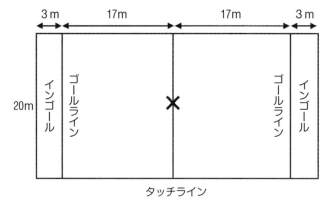

図1　タグラグビーのコート

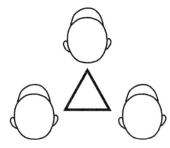

図2　先頭の味方をフォローする走り

教材のよさ

タグラグビーには，「前にボールを投げてはいけない」というスローフォワードのルールがあります。そのため，子供が最初に身に付けなければならない動きは，「とにかくボールを持ったら前へ進み，味方がフォローできる動きをすること」です。そこで次の動きを身に付けることが大切です。

○パスをもらったら前へ進み，味方がフォローできるようにする。
○ボールを持った味方の左右について三角形をつくりながらフォローし，パスを受ける（図2）。
○相手ディフェンスのマークをかわすことで，得点しやすい場所に移動する（2対1の攻撃局面をつくる）。

すすめ方

【タグラグビーの主なルール】
○ゲームは1チーム4人。コートは図1。
○ゲーム開始はコート中央から後ろを向いてフリーパスから始める。
○パスは，後ろか真横にしかできない。
○攻撃は，パスをつなぎながら前に走り，インゴールにボールを置いたら1点。
○守りは，ボールを持って走っている人のタグをとることで相手を止めることができる。タグをとったら「タグ！」と大きな声を出す。取られた人はすぐに止まり味方にパスを出す。
○攻撃は，4回まで続けてできる。4回目のタグが取られたら相手に攻撃権が移る。その他は，キャッチミスでボールを前に落としたとき，前にボールを投げてしまったとき，コートからボールやボールを持った人が出てしまったときに攻撃権が移り，相手のフリーパスで試合を再開する。
○得点を入れたら，コート中央から相手チームのフリーパスで試合を再開する。

★ 領域：ボール運動（ゴール型）

90 ウイングサッカー
サイドアタックを習得するサッカーゲーム

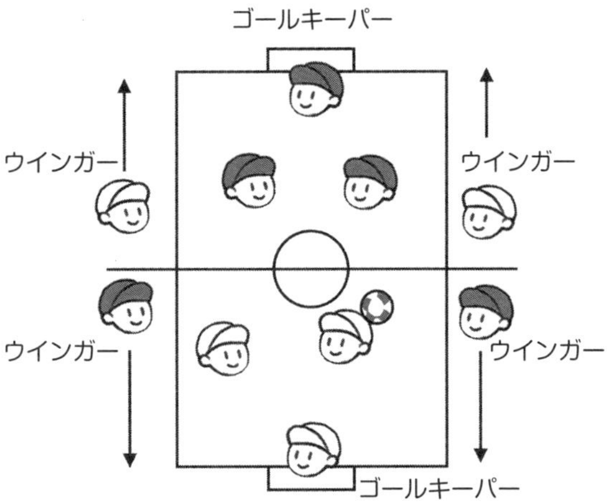

図1　ウイングサッカーのコート

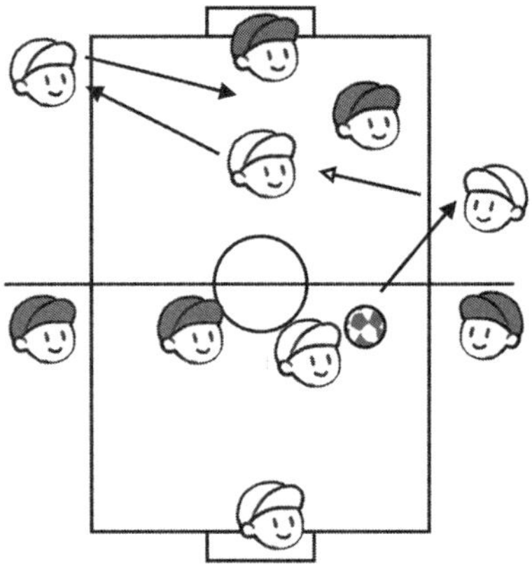

図2　ウイングサッカーの攻撃

教材のよさ

小学生のサッカーのゲームでは，ボールの蹴り合いになったり，コートの中央部でしかプレーできなかったりと考えた戦術を活かすことができないことが多いです。

そこで，コートサイドを使うことを理解し，サイドアタックを身に付けると相手のディフェンスを突破することができます。サイドアタックで，コートを広く使うことで攻撃の幅も広がるのです。

そのようなことから「ウイングサッカー」を紹介します。「ウイングサッカー」は，個々の役割を明確にした戦術重視のサッカーゲームです。

すすめ方

【ウイングサッカーの主なルール】
○コートは，縦20m，横10m。
○ボールは，スマイルサッカーボール（MIKASA）。
○ゲームは，1チーム5人。
○キーパー1人，ウインガーが両サイドに2人，コート内は2人（図1）。
○ウインガーはコートの外でプレーし，相手に邪魔されないでプレーできる。
○ウインガーは，ハーフコートの攻撃側（敵陣側）のみ動くことができる攻撃専門のプレイヤーである。
○ウインガーは，直接シュートしてもよい。
○コート内の各チーム2人ずつのプレイヤーは，攻撃も守りもできる。
○センターライン上から試合開始。
○1試合7分ゲーム。

相手からボールを奪ったら，図2のようにウインガーにパスを出すことで，攻撃が容易になります。そこからウインガーがドリブルで上がってもいいし，中の味方にパスを出すことも有効です。また，上手になってきたら図のようにサイドチェンジできると攻撃の幅が広がります。

⭐ 領域：ボール運動（ゴール型）

91 フラッグフットボール
フェイク・ブロック・ランで構成した戦術を身に付ける

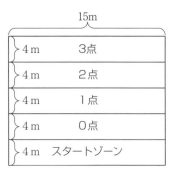

図1　コート

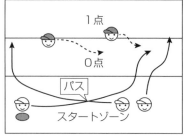

図2　タスクゲーム1（フェイク）

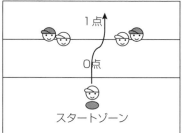

図3　タスクゲーム2（ブロック）

教材のよさ

　フラッグフットボールは，1回の攻撃ごとにハドル（作戦タイム）をとることができるため，戦術的な学習を進めやすい教材です。しかし，何を学習させるかを絞り込まないとむやみに個人プレーに終始するようになり，チームとしての動きの学習になりません。

　まずは，「ランを中心とした易しいルール」で構成した教材を紹介します。中核となる動きは，「フェイク」と「ブロック」です。

すすめ方

【フラッグフットボールの主なルール】
○1チーム3人で構成する。攻撃3人，守り2人のアウトナンバー方式で行う。
○スタートゾーンから攻撃をスタートする（ディフェンスはスタートゾーンに入ることはできない）。
○攻撃は慣れるまではランプレーのみとする。
○フラッグが取られたゾーンが得点となる（図1）。
○3回攻撃をして攻守を交代する。

　ブロックとフェイクを身に付けるためにタスクゲームを入れます。

タスクゲーム1（フェイクゲーム）（図2）
○スタートゾーンの中でフェイクを行う。
○ディフェンスがボールを持っていない子供につられてしまったら1点とする。
○2回攻撃を行う（間にハドルを設ける）。

タスクゲーム2（ブロックゲーム）（図3）
○ボールを持たない2人がディフェンスをブロックし，あいたスペースをつくる。
○ボールを持っている子供があいたスペースに走り込んで突破し作戦が成功したら1点。
○2回攻撃を行う（間にハドルを設ける）。

　これらのタスクゲームにより，「スペースをつくって突破すること」を子供に意識づけることができます。また，これを基礎に様々な作戦を考えることができるようになります。

★ 領域：ボール運動（ネット型）

92 ミニテニス
攻守一体プレー型の新たな教材として

図1　使用したボールとラケット

図2　ミニテニスのコート図

教材のよさ

ネット型ゲームは，連係プレー型（バレーボールなど）と攻守一体プレー型（テニスなど）の大きく2つに分類されます。これまで，小学校では，攻守一体プレー型は扱っていませんでしたが，今回の学習指導要領の解説で，初めて攻守一体プレー型の例示が示されました。ここでは，それを楽しんで行うことができるミニテニスを紹介します。ミニテニスは以下に示す3つの教材的価値があるといえます。

①相手からきたボールを直接打ち返すことができる（単純なルール）。
②シングルス，ダブルスという少ない人数でゲームができる（学習機会の保障）。
③ほとんどの子供が同じ技能の習得からスタートできる（技能の個人差）。

すすめ方

1　教具（ボール・ラケット）

ビーチボールのように口で空気を入れて膨らませるボール（図1　トライテックミニテニスボール）を使用したことにより，打球の速度が出ないため，初心者でもラリーが続きます。また，ラケットは，柄の部分が短く，打面も広く，比較的安価な「カルフレックス21インチジュニアラケット（1800円程度）」（図1）を使用することにしました（段ボールラケットなどでも代用できます）。

2　教材「ミニテニス」のルール

○ネットの高さ1m。バドミントンコートを使用（図2）。
○1ゲーム3分間とし，点数を多くとった方が勝ち（ラリーポイント制）。
○チームは，3人1組。2人がコートに入り，得点時に交代（ダブルスで行う）。
○テニスと同様にワンバウンドかノーバウンドで返球する。

⭐ 領域：ボール運動（ベースボール型）

93 フィルダーベースボール
力強いバッティングと状況判断力を身に付ける

対象学年：低学年／中学年／高学年

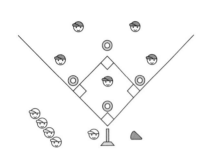

図1　フィルダーベースボールのコート

図2　ボールのやや後ろに立つ

図3　体重移動と腰のひねり

教材のよさ

ベースボール型のゲームは，ルールが複雑で体育の時間で様々な動きを効率よく習得することは難しいです。そこで，教えるべき学習内容を絞り込む必要があります。

フィルダーベースボールでは，
○遠くに飛ばすバッティング（攻撃）。
○打ったランナーの進塁を防ぎ，得点を与えない動き（守備の状況判断）。
を学習します。

すすめ方

【フィルダーベースボールのルール】
○試合は5対5で行う。
○表裏の2回行う。打者一巡で交代する。
○塁間は12m（図1）。
○ボールはソフトハンドボールを使用する。
○打者は走塁の際，必ずバットを三角コーンの中に入れる（危険防止の観点）。
○1塁ごとに1点とし，アウトになるまで走塁を続ける。
○走者がベースを踏むより早く，ボールを持った人と持たない人の2人がベース付近のサークル（フラフープなど代用可）に入った時にアウトになる（例：ファーストでアウトにできないと判断したら次の塁でアウトにできるように動く）。
○フライやライナーもゴロと同じようにアウトにする。

まず，バッティングについては，「①立ち位置，②体重移動と腰のひねり」について学習させます。まず立ち位置は，ボールの正面よりやや後ろに立ち，腕が軽く伸びた状態の位置にボールがあることです（図2）。また，重心の移動と腰のひねりを意識させることで力強いスイングになります（図3）。次に守備では，打球の方向によって「誰が捕球に行き，ボールを持っていない人はどう動くのか」ということを焦点化しながら学習を進めていくと状況判断能力が身に付きます。

領域：ボール運動（ベースボール型）

94 タイブレイクベースボール
打球の方向による状況判断力を身に付ける

対象学年：高学年

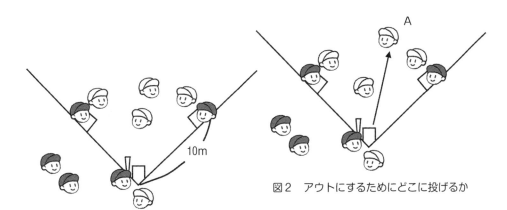

図1　タイブレイクベースボールのコート

図2　アウトにするためにどこに投げるか

教材のよさ

ベースボール型の教材は，状況判断場面が複雑なため，すべての子供に学習内容を学ばせることが難しいと考えられます。ランナーの位置やアウトカウントなどにより動き方が変わるため状況判断が複雑になるのです。

そこで，戦術的課題そのものを限定し，意思決定（判断）の対象となる選択肢を減少させて学習者にわかりやすくすることでだれもが楽しく参加できるような教材にしました。それがタイブレイクベースボールです。

この教材は，残塁がある場面で，正しい意思決定をする力（状況判断力）を身に付けさせたいと考えました。

すすめ方

【タイブレイクベースボールのルール】
○試合は5対5で行う。ピッチャー1名，キャッチャー1名，内野3名（図1）。
○表裏の2回行う。打者一巡で交代する。
○本塁と1塁間は10m。プラスチック製バットとゴムボールを使用する。
○1塁，2塁，本塁の三角ベースで行う。
○ピッチャーは，打ちやすいボールを投げる。
○ランナー1塁，2塁の状態から攻撃する。盗塁やリードはなし。
○ランナーが2塁のみになっても必ず進塁しなければならない（フォースアウトだけのルールでわかりやすくした）。

体育館で行います。打球が壁に当たったら，ホームランですが得点はなしです。それにより，速いゴロやライナーが多くなります。内野の意志決定でいえば，打ったら近くのベースにカバーに入るようになります。例えば，児童Aが打球を捕りました。その際，まずは，バックホームして得点を与えないプレーが最善です（図2）。しかし，間に合わないと判断したら2塁や1塁に送球しなければなりません。このような状況判断力が身に付きます。

対象領域：ゲーム・ボール

★ 領域：表現リズム遊び（表現遊び）

95 動物ランドに行こう
そのものになりきってリズミカルな動きで自由に表現する

対象学年》 低学年 中学年 高学年

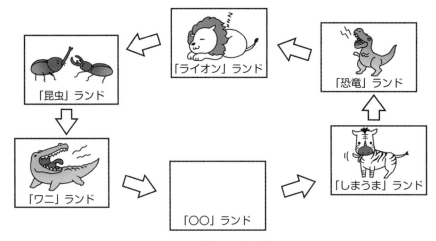

図1　動物ランドの例

対象領域》 体つくり　器械　陸上　水泳　ゲーム・ボール　表現

教材のよさ

表現遊びは，「身近な題材の特徴を捉えてそのものになりきって全身の動きで表現する楽しさに触れることのできる」運動遊びです。低学年の子供は，「ごっこ遊び」が大好きです。「動物ランドに行こう」では，いろいろな動物に変身して，グループで体を自由に動かしながらそのものになりきることを楽しみます。

すすめ方

〈ステップ1〉
○自分が好きな動物の絵をカードに描く（「○○が○○しているところ」クワガタがカブトムシとにらみ合いになり，ゆっくり近づいてきて戦っているところなど）。
○カードの中からいくつか選んで模倣してみる。
○友達とお互い見せ合って，当てっこする。
〈ステップ2〉
○動物ランドを図1のように6ブースつくる（1つは○○ランドとし，動物を考えさせる）。
○6グループが，それぞれの動物ランドでその動物になりきって模倣する。
○動物ランドの動物で，急変する場面を入れて，簡単なお話をつくり，即興で続けて踊る（「大変だ！○○だ！」大変だ！大蛇がおそってきて巻きつかれた！）。
○題材の特徴や様子の具体的な動き（跳ぶ，回る，ねじる，這う，すばやく走る，高・低の差，緩急など）について友達の動きを見合う場面をつくる。
○自己評価する。

・たのしくまねすることができた（◎　○　△）
・ともだちとなかよくできた（◎　○　△）
・うごきをかんがえておどった（◎　○　△）
・ぜんしんのうごきでおどった（◎　○　△）

★ 領域：表現リズム遊び（リズム遊び）

96 リズムにのってウキウキダンス
軽快な音楽にのって弾む動きで踊る

図1　タックルジャンプ

図2　ハイジャンプ

図3　基本の動き　ダウンとアップ

教材のよさ

リズム遊びは，「軽快なリズムの曲にのって全身を弾ませて踊ったり，思い切り体を動かしたりすることがおもしろい」運動遊びです。

すすめ方

常に8カウントを意識して行います。
〈手足でリズムをとる〉
○軽快な曲をかける。
○教師が見本を見せ，手や足でリズムをとる。
・リズムは腰でとるのが基本だが，手拍子で8カウントをとる。
・次は，足でリズムをとる。予備動作として右足を上げておき，「1」で踏み出すと同時に左足を上げ，「2」で左足を踏み出す。3，4…と同じように行う。
・この2つをコンビネーションして繰り返す。
〈ジャンプを入れる〉
　タックルジャンプとハイジャンプを教師が見本を見せリズミカルに連続でジャンプします。
○タックルジャンプ…①膝を軽く曲げる。②ももを抱えるようにジャンプする（頭の高さは変えずに膝を胸に近づけるように跳ぶ）。③ジャンプ後はすぐに着地する（図1）。
○ハイジャンプ…①しゃがんで床に手を着く。②一気にジャンプして頭の上で手をパチンとたたく（図2）。
〈基本の動き（ダウンとアップ）を入れる〉
　ダウンとアップは，リズムダンス全ての動きの基本となります（図3）。
①両足を肩幅より少し広めに開く。
②肘と膝を同じタイミングで曲げ，脱力して腰を落として背中を丸める。腰でリズムをとる。
③手を下にプッシュし，膝と上体を伸ばす。
　このような基本的な動きを教師が示した上で，個人やグループで動きをつくり出すとおもしろいでしょう。

★ 領域：表現運動（表現）

97 探検！宝島に行こう！
未知の想像を広げ，多様な動きで表現する

図1　宝島探検へ出発！

教材のよさ

低学年の表現遊びを踏まえて，中学年の表現では，表現する楽しさに触れ，題材の特徴を捉えて，表したい動きを誇張したり変化をつけたりして，メリハリのある動きを表現します。ここでは，未知の想像を広げたダイナミックで変化に富んだ多様な表現ができる「宝島」を探検します。

すすめ方

教師は，その場の写真を見せて，動きのモデルを示しながら行います。

T「みなさん」C「なんですか」
T「一本橋・一本橋，渡れますか」
C「一本橋・一本橋，渡れますよ」
T「飛び石・飛び石，渡れますか」
C「飛び石・飛び石，渡れますよ」
T「ジャングル・ジャングル，行けますか」
C「ジャングル・ジャングル，行けますよ」
T「ここは，宝島です。みなさんは，お宝を見つけるための探検隊です。どんな場面や出来事に出会いそうですか。」
C「怖い動物に会う。滝壺に流される。底なし沼がある。」（そこで，いくつかの場面の動きをさせてみる）
T「先生の言葉に合わせて，動きましょう。宝島探検に出発です。」

宝島探検へ出発！（図1）
川が流れています。一本橋を渡ります。グラッ，グラッ！危ない！4つばいになって渡ります。バキ！橋が折れた！ドボン！川に落ちた！滝壺だー！アーーーー！ドボーーン！ようやく岸に上がることができた。ジャングルだ。ジャングルをかき分け進むと…トラだーー。ガウーー。今度は，底なし沼だ！沼からようやく上がると洞窟があった。そこを入っていくと…」

この後は，子供が考えた場面や出来事を組み合わせて行うとよいでしょう。

★ 領域：表現運動（リズムダンス）

98 基本の動きでリズムダンス
基本の動きを入れながらリズムダンスを楽しむ

図1　トップロック

図2　ホーシング

図3　トゥループ

教材のよさ

低学年で簡単にリズムにのる動きを入れて，リズム遊びを行いました。中学年では，軽快な曲に合わせて基本ステップを取り入れたリズムダンスを行いましょう。

すすめ方

軽快な音楽をかけて，教師が基本の動きを見せます。ここでは，3つの動きを紹介します。

〈トップロック　図1〉

①両足をそろえ，手を胸の前に上げて軽く2回ジャンプ。

②右に1歩踏みだし，上体を右に傾けて腕を開く。

③右に開いた体をもとに戻して，①と同じように軽く2回ジャンプする。

④左に1歩踏みだし，上体を左に傾けて腕を組むように両肘を抱える。

この動きを繰り返します。②，④のところでピタッと動きを止めるとかっこいいです。

〈ホーシング　図2〉

①左足を上げる。

②上げた左足を横に出してダウン（重心は出した方でない右足に乗せる）。

③その足を引き寄せながら，ジャンプして逆の右足を上げる。

④上げた右足を横に出してダウン（重心は出した方でない左足に乗せる）。

この動きを繰り返し行います。

〈トゥループ　図3〉

①2カウントでダウンを2回。

②左膝を上げ，上体を後ろに引いて右手は上，左手は横に伸ばす。

③両足をそろえてダウン。

④右膝を上げ，上体を後ろに引いて左手は上，右手は横に伸ばす。

これらの動きを入れながらリズムにのって楽しみましょう。

⭐ 領域：表現運動（表現）

99 ポップコーン炸裂
激しい動きを誇張して表現する

図1　ポップコーン

教材のよさ

高学年の表現運動（表現）では，「激しい感じの題材」，「群が生きる題材」などの変化と起伏のある表現へ発展しやすい題材を扱います。今回は，激しい感じの題材である「ポップコーン炸裂」の様子を表現します。ポップコーンができあがる特徴を捉え，表したい感じやイメージを強調するように，動きを誇張したり，変化をつけたりして，メリハリのある動きにして表現します。

すすめ方

○ポップコーンができあがる様子を動画で見せる。
T「ポップコーンのもとは何ですか」
C「とうもろこし」
T「とうもろこしの形をしましょう」
　児童は，それぞれとうもろこしの形をします。ここでクラスの半分の子供にやらせて，残りの半分の子供は観察します。

〈ステップ1　「粒」〉
T「だれの動きがいい動きですか」
C「できるだけ小さく丸くなっている○○さん」
○粒の状態は，できるだけ小さくなるために工夫することを確認する。

〈ステップ2　「ポップコーン」〉
　次は，できあがりの形を決めます。
T「ポップコーンのできあがりの形になりましょう」
　できあがりは，ふわふわで，はじめの粒より大きくなることをここでは確認します。

〈ステップ3　「はじける」〉
　最後に，粒からはじけてポップコーンになるところを10人グループで表現させます（図1）。最初は，教師が太鼓をたたくなどして行います。この後は，グループで，「はじける回数，はじける方向，はじけ方，はじける音」などを考えさせるといいでしょう。

★ 領域：表現運動（フォークダンス）

100 マイム・マイム

マイム・マイムの踊りを覚えて，リズムにのって楽しく踊る

対象学年：高学年

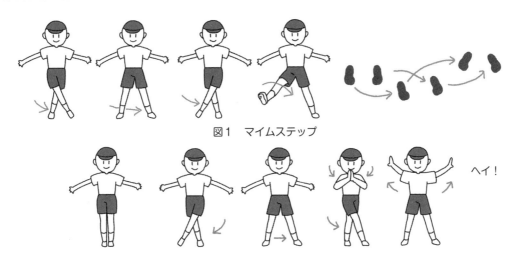

図1　マイムステップ

図2　ホップステップ

教材のよさ

フォークダンスは，軽快な音楽にのせたいろいろなステップ，輪や列になって手をつないで踊ったり，パートナーと組んで踊ったりするなど国によって様々な特徴を持った踊りです。その中のマイム・マイム（イスラエル民謡）は，シングルサークルで踊る力強い踊りです。みんなで手をつなぎ。掛け声を掛けてステップを踏みながら移動して踊ります。

マイム・マイムの由来
「マイム」は，ヘブライ語で「水」を意味する。イスラエルの地に戻ってきたユダヤ人が水を発見したときの喜びを表現したのが，踊りの起源。

すすめ方

○マイム・マイムの由来を知る。
○マイム・マイムの動画を見せて，踊り方の感じをつかむ。

〈ステップ1　マイムステップ（図1）〉
①右足を左足の前に交差させる。
②左足を左横に移動させる。
③右足を左足の後ろに交差させる。
④左足ではねて①の形に戻す。

〈ステップ2　中心に集まり，広がる〉
①右足から8歩前に進む。手は8歩目で頭上に上がるように徐々に上げていく。
②右足から8歩後ろに下がる。手は8歩目でもとの位置に戻るように徐々に下げていく。

〈ステップ3　ホップステップ（図2）〉
①4拍分膝でリズムをとる。
②左足を右足の前に交差させる。
③左足を左横に移動させる（「②，③」を4回繰り返す）。
④足をかえる。右足を左足の前に交差させる。
⑤右足を右横に移動させる（「④，⑤」を4回繰り返す）。
⑥進行方向に体を向けてマイムステップに戻る。

対象領域：表現

参 考 文 献

1. 文部科学省『小学校学習指導要領（平成29年告示）解説 体育編』東洋館出版社
2. 岩田靖 著（2012）『体育の教材を創る―運動の面白さに誘い込む授業づくりを求めて』大修館書店
3. 岩田靖 著（2017）『体育科教育における教材論』明和出版
4. 根本正雄 編（2011）『器械運動指導のすべて―てんこ盛り事典』明治図書
5. 木下光正・清水由 著（2005）『苦手な運動が好きになるスポーツのコツ②陸上』ゆまに書房
6. 藤田育郎・池田延行（2011）『体育授業における目標設定の手法に関する研究―小学校高学年の走り高跳びを対象として―』国士舘大学体育・スポーツ科学学会
7. 高橋雄介 著（2003）『クロールがきれいに泳げるようになる！』高橋書店
8. 高橋雄介 著（2004）『４泳法がきれいに泳げるようになる！』高橋書店
9. 平川譲 著（2005）『苦手な運動が好きになるスポーツのコツ③水泳』ゆまに書房
10. 警察庁生活安全局地域課（平成30年６月21日）『平成29年における水難の概況』
11. 岩田靖 著（2016）『ボール運動の教材を創る―ゲームの魅力をクローズアップする授業づくりの探究』大修館書店
12. 岩田靖 監修，佐藤政臣・冨永泰寛 編著（2018）『「資質・能力」を育むボール運動の授業づくり―全員参加を保障する体育学習をめざして』大修館書店
13. 須田浩史 監修（2012）『ダンスの教科書　小学校低学年〜高学年用』山と渓谷社

【著者紹介】

佐藤　政臣（さとう　まさおみ）
1965年埼玉県生まれ。
鳴門教育大学大学院学校教育研究科教科・領域教育専攻（保健体育）修了。
現在，熊本県菊池郡大津町立室小学校教頭。

【主な著書】

『「資質・能力」を育むボール運動の授業づくり』（共著　大修館書店），『"全員が上達するソフトバレーボール"新ドリル』（単著　明治図書），『楽しい体育ビデオシリーズ4　「ソフトバレーボール」の教え方』（単著　明治図書），『一週間でマスターできる体育教科書シリーズ4　"全員が上達するソフトバレーボール"新ドリル』（共著　明治図書），『子どもが熱中する体育授業のシステム化　小学5－6年』（分担執筆　明治図書），『"スポーツ医学科学的トレーニング"を入れた新しい体育の授業づくり』（分担執筆　明治図書），『器械運動指導のすべて　てんこ盛り事典』（分担執筆　明治図書），『ボール運動指導のすべて　てんこ盛り事典』（分担執筆　明治図書），『「8秒間走」の授業づくりと課題』（共著　パーフェクトランス）など

〔本文イラスト〕みやび　なぎさ

体育科授業サポートBOOKS
運動したくてたまらなくなる！
体育教材アイデア100

2019年9月初版第1刷刊　Ⓒ著　者　佐　藤　政　臣
　　　　　　　　　　　　発行者　藤　原　光　政
　　　　　　　　　　　　発行所　明治図書出版株式会社
　　　　　　　　　　　　　　　　http://www.meijitosho.co.jp
　　　　　　　　　　　　（企画）佐藤智恵（校正）武藤亜子
　　　　　　　　　　　　〒114-0023　東京都北区滝野川7-46-1
　　　　　　　　　　　　振替00160-5-151318　電話03(5907)6703
　　　　　　　　　　　　ご注文窓口　電話03(5907)6668
＊検印省略　　　　　　　組版所　藤原印刷株式会社

本書の無断コピーは，著作権・出版権にふれます。ご注意ください。

Printed in Japan　　　　　　　　　　　ISBN978-4-18-090419-8
もれなくクーポンがもらえる！読者アンケートはこちらから　→

体育科授業サポートBOOKS

マンガでわかる！体育授業のちょこっと腕を上げるテクニック

A5判・128頁・1700円+税・2473　小林 治雄 著

ちょこっとで効果絶大！体育授業のうまいワザ

「体育の授業がうまくなりたい」「子どもの【わかる】【できる】を増やしたい」と思う先生のための体育授業のワザをマンガでビジュアルに60紹介しました。授業づくり、マネジメント、評価など、ちょこっとで体育授業が変わる効果絶大のテクニックです。

10分で運動能力を高める！体つくり運動ベスト100

B5判・112頁・2160円+税・0602　岩手体育学習会 著

子どもがもっと運動したくなる！短時間の運動アイデア

ねらい別（指導事項・領域別）・学年別に10分でできる、実践して人気だった、体つくり運動のアイデアをまとめました。子どもが興味・関心をもって楽しく取り組めるようにゲームやジャンケンなどの競争や偶然性・ゲーム性を入れた工夫がいっぱいです。

明治図書　携帯・スマートフォンからは **明治図書ONLINE へ**　書籍の検索、注文ができます。▶▶▶

http://www.meijitosho.co.jp　＊併記4桁の図書番号（英数字）でHP、携帯での検索・注文が簡単に行えます。

〒114-0023　東京都北区滝野川7-46-1　ご注文窓口　TEL 03-5907-6668　FAX 050-3156-2790